北農風雲

——滿城盡是政治秀

吳晟 著

目次

前言

《北農風雲》這冊報告書，二〇一九年九月初即完稿，預定十月出版。有位長年從事政治工作的好友建議，等二〇二〇大選過後才上市，以免再次捲入政治漩渦，再被操作成箭靶；徵詢身邊幾位親友，也多持此意見。美編、製作、印刷作業仍進行，但先存放，大選過後才正式推出。

我們家關心政治，但確實不擅長政治「戰鬥」。人世間紛紛擾擾、爭論不休，尤其是資訊氾濫的時代，政治場域，每日每日，一波又一波「攻防」，不曾止息，透過電視、網路、賴群組、廣播電臺、報刊雜誌……等等公眾媒體，傳播真真假假、似是而非的訊息；乃至看板、布條、組織團體散播耳語，各說各話、各信其所信，每一事件，理難清、是非難明呀！

寫作本書，無意妄想什麼「平反」，只是期盼還原事實，探索如何「起風」、風勢如何吹襲，揭開暗藏的「玄機」，留下紀錄，作歷史見證，提供社會大眾共同省思。

坦誠相告，本書中許許多多大大小小的政客、「官員」、網紅……的名字，我其實很排斥出現在我的筆下，很想以××代替，但我並非寫小說，而是寫「報告書」，為了存真，避免猜測，並且以示負責，只好自我調整心情，一一直呼其名。

我是世俗之人，寫作本書初期，我的心情充滿屈辱，不平之氣近乎悲憤。然而一面書寫，一面繼續蒐集、查閱相關報導、評論……，寫著寫著，心情不知不覺平復，個人的怨恨逐漸消失，唯有滿懷感恩與憂慮；感恩臺灣社會良善的正氣力量、憂慮臺灣文化土壤的貧瘠淺薄。

本書之出版，特別感謝印刻總編輯初安民的支持，及鄉親好友黃民豊的大力協助。

本書參考《臺北市議會公報》速記錄、各報刊雜誌、臉書、網路媒體的報導、評論、專訪、電視評論節目之談話等，並大量引述，未及一一註明出處，深深致歉並謹致謝忱。

起緣

二〇一八年二月底三月初，臺北農產運銷股份有限公司（簡稱北農）總經理，吾女吳音寧，陷入政治鬥爭的風暴當中，成為各方媒體競相追逐的對象。直到二〇一八年十一月二十九日，董事會決議，即刻解職。解職後，新聞稍稍平息，不再熱炒，但仍餘波盪漾。

風暴發生後，我開始學會滑手機，不時搜尋音寧的相關訊息報導。音寧每趟回家休息，看到我在滑手機，都會很大聲阻止我：去走路、去運動啦！不必看、不必理會啦！

但我作為父親的心情，怎能放得開、怎能不聞不問？每天面對排山倒海的捏造新聞，鋪天蓋地的詆毀指控，極盡譏諷、羞辱、尖酸刻薄的「網紅」「評論」，擴及到對我，乃至對我家族的誣衊、攻訐、謾罵等，一波又一波，肆無忌憚，氾濫傳播，不斷擾亂我的情緒。

更痛苦的是，我只能默默吞忍。音寧一再警告我，那是大漩渦，我不可以回應、不可以捲入。經常有媒體要來採訪我，甚至採訪車直接開來我家，記者扛著攝影機，堵在大門前守候。我若在外，家人通知，我不敢回家；我若在家，不敢走出室外。有時不忍心記者守候太久，只好去向他們打拱作揖、鞠躬說抱歉、請體諒，千拜託萬拜託不要報導，請他們離去。

有一次，相識的記者一來，直接問我，看自己的女兒這樣被欺負，會不會「嘸甘」？我失去警覺，自然反應：「當然會『嘸甘』」。就這一句出現在媒體，又引來一連串酸言惡語。

我講什麼話都不對，都惹不起。

足足九個月，每日心神不得安寧，我難以靜下心，未能寫一首詩、一篇文章，這是我學習寫作將近一甲子的歷程中，最長一段時日的空白期。

我一輩子定居鄉間，教書、種田、學文，平淡過日、儉樸生活。我的溪州鄉親、我教過的國中學生都知道，我不重利，但重名譽，在我即將跨入耄耋之年，我們父女（家人）竟然遭受如此不堪的糟蹋，我沒有足夠的涵養淡然處之。

這段期間，許多友人擔心我「暗傷」太重，承受不住連番打擊，來電、或親自前來安慰我、聽我「訴苦」，為我打抱不平；還有許多文學夥伴、文化界的朋友，不畏被「網軍」圍剿、「灌爆」臉書，乃至恐嚇，仍挺身而出，仗義執言、為文聲援。若非有這麼多溫暖的情義支持，實在說，我不知會不會崩潰，能不能撐過這場風暴的襲擊。

為了避免增添困擾，我不便打擾大家、不曾向大家表達謝意，僅將感念默默深藏心中。而今音寧已被迫離職，媒體雖仍有些零星的報導，但已不再有太大興趣。我們家逐漸恢復平靜。然而我們父女的名聲在某些族群，卻已「敗壞」、「爭議」，難以恢復。

二〇一八年九月，我的鄉親、文學知友黃文吉教授的太太劉克敏老師，出版了一本書《入門溪州——外省媳婦愛農鄉》，收錄六十篇文章，附上圖片，詳盡介紹吾鄉溪州，深情而細緻。他們夫婦日前相偕來看我，劉克敏老師講述了幾則「故事」。

前陣子她去參加一項研習會，好意送給學員一冊《入門溪州》，有位女老師，雙手抱胸打叉，口氣「堅決」說：不要。劉老師心想，很沒有禮貌咧，問她為什麼不要，她直截了當說：我翻過這本書，有寫到吳音寧，我不要看。

另有一位比較年長的女性退休老師說：她們父女撈很多。

劉克敏老師憤憤不平講述，而我默默無語，內心無比沉黯戚然。全國文教界不知有多少人，是如此歧視我們父女？

因為我們父女「撈很多」？如何撈很多？

我再講述一個小故事。

二〇一九年四月間，我應邀去花蓮東華大學擔任駐校作家，有幾場大型演講，也有小型座談會，其中有一場，是和幾位研究生，面對面，討論他們的創作。

有位研究生，原來就讀彰化大葉大學，得過校內文學獎新詩類首獎，我是評審委員，還記得他，又在東華相見，特別有緣。

有一次約見，他有些遲到，述說原因：剛才正要出門來學校的時候，正巧遇到租住處的「厝主」，他告訴厝主，今天「要去和作家吳晟見面」，厝主沒聽過吳晟，這位學生補充介紹：就是吳音寧的父親。

什麼？吳音寧？她不是名聲很壞嗎？厝主表情很驚訝。

這位學生反問厝主，吳音寧有什麼「壞名聲」？厝主依照從「中天」電視臺等接收管道得來的訊息，一一數說。

這位學生收集了很齊全的吳音寧的資料，厝主每說一項，他就找出事實證據澄清。約一個小時耐性解說，厝主才訕訕然說：喔！是這樣？

但是，像這位學生這麼用心了解北農事件，又願意花時間解說的人，少之又少呀！

近日更有幾位好友（也是退休老師）告訴我：有夠離譜，我們的「賴群組」到現在還在轉傳一則貼文，說你擔任總統府資政，月領三十五萬，年薪四百二十萬，而你女兒……。

我真是無言以對啊，沒有氣力申辯。事實是，總統府資政分明是無給職，數字到底是怎麼捏造出來的？

我知道有幾位相識的文學夥伴、文化界朋友，也是如此看待我們父女，甚至斷絕情誼，展開攻擊，不時捅幾刀，坦白說，比起不知哪裡製造出來，轉又轉傳的汙衊，更令我痛心難過。

有次參加文學獎評審，聊天時，評審委員之一的文友，含蓄的告訴我，據他所知，有些藝文活動主辦單位，為了避免麻煩，不敢找我，因為我們父女是「爭議人物」、「問題人物」。

爭議？到底有何「爭議」？問題？什麼問題？我們犯了什麼錯？

而今，整起事件，姑且名之為「北農風雲」，應該已經落幕了吧？我想趁此時「記憶猶新」，將來龍去脈、前因後果，梳理出頭緒，向關心我們父女的朋友們，致謝、說明、做交代，據實以告（包括我所知的「內幕」）。不過，牽連實在廣泛複雜，而且主要當事人吳音寧，不太喜歡我過問她的事，不常主動和我談論，只偶爾透露一些她面對的「挑戰」，大部分靠我自己日日做剪報、靠年輕朋友幫我搜尋網路、電子媒體資訊、雜誌報導等，並向音寧身邊一些朋友「探聽」……，因此未必能夠深入而完整的勾勒出「全貌」，只能就我所知，多做事實陳述。

她的人生沒有規畫

吳音寧常說，她的人生沒有規畫。

近十年來，她多次「被徵詢」任公職（所謂當官），她都沒有意願。有一次，民進黨「高層」邀她出任某職務，家族親友也都認為那是好工作，極力慫恿她，親情「施壓」她答應，她被逼到哭，就是不接。

我們其實不太了解她在考慮什麼。她有很豐富的輔選經驗。最早投入輔選是二十多年前，她的高中同窗好友林淑芬，首度在三重，參選臺北縣議員。林淑芬初試啼聲即告捷，而後再連任縣議員，再到立法委員，音寧也多次進駐競選總部協助。

二〇〇一年，我的朋友邱創進，二度參選立法委員（第一次落選），那一屆還是大選區多席次，彰化縣應選出十席。音寧剛從墨西哥查巴達民族解放軍的自治區採訪回來，應邀進駐競選辦公室。她專職輔選，負責文宣、活動策畫，邱創進從各報在地記者評估為落選頭，拉抬到第三高票當選。

音寧輔選，但從不謀求職務，她志不在此。我曾看過有篇「評論」，說她當過國會助理，應當如何如何，這又是憑想像、不查證的胡扯。

二〇〇九年，她的表哥黃盛祿（我的外甥），年滿五十歲，符合七五制退休條例，從警界退休，覺得還太年輕，不想無所事事，又有強烈社會正義感，有意參選本鄉鄉長，但全無經驗。

音寧義不容辭，完全操盤，「一文一武」搭配，打破紀錄，黃盛祿成為溪州鄉有史以來第一位民進黨籍鄉長。

黃盛祿希望音寧和他一起進入溪州鄉公所打拚。

當時，音寧已經出版三本書：報導文學《蒙面叢林——探訪墨西哥查巴達民族解放軍》（二〇〇三年十二月）及《江湖在哪裡？——臺灣農業觀察》（二〇〇七年八月）；詩集《危崖有花》（二〇〇八年十一月），並編輯一冊

《白米不是炸彈》（楊儒門書信集），均為印刻出版社出版。

而且，在出版《危崖有花》之後，她已經在進行，中、長篇的小說創作，我希望她繼續發揮文學才華，不要中斷；另方面也不想被「說閒話」，因此極力反對她進鄉公所上班。

因為，我了解她的個性執著，做什麼事都會全力以赴，專注而「拚命」。若進去鄉公所工作，勢必會影響她的創作。

張照堂／攝影

江湖在哪裡？

吳音寧是農家女孩，從小在農村出生長大，多多少少要幫忙農事，生活中遇到的就是農民，國小同學、國中同學，都是同鄉農家子弟。大學畢業後，每次計畫出國，不論是去印尼、柬埔寨等東南亞農村，或去墨西哥原住民部落，總是想多了解其他國家的農業。

時間真是湊巧，二〇〇三年十二月，吳音寧出版了親身探訪墨西哥查巴達民族解放軍的報導文學《蒙面叢林》，這時剛發生震驚臺灣社會的「白米炸彈」事件，音寧非常關注。

從二〇〇三年十一月，在臺北大安森林公園內的廁所，發現一枚貼有「炸彈勿按」的爆裂物，之後陸續在臺北各地公共場所放置類似爆裂物，抗議政府以「臺澎金馬關稅區」名義，加入WTO（世界貿易組織），主要訴求是，「不要進口稻米」、「政府要照顧人民」。雖然未曾傷過人，還是引起社會大眾莫大恐慌。

事件喧騰，歷經一年的時間，直到二〇〇四年十一月二十五日晚間，「白米炸彈客」楊儒門現身，主動去派出所投案，關入土城看守所。判刑。入監服刑。二〇〇七年六月二十一日，特赦出獄。

在楊儒門關入看守所及入監服刑期間，音寧常和立法委員林淑芬一起去探視；和楊祖珺去聲援、協助。

音寧鼓勵楊儒門和她通信。楊儒門的「文采」被開發出來，勤於寫信。在一封一封信件中，他挖掘記憶深處的情感，抒寫成長的故事，耙理自己的思想源流，探討他所關心的社會問題……。

楊儒門出獄前後，音寧將這些信札（二〇〇五年二月到二〇〇七年六月十三日）整理出三十三篇，附上標題，再依主題分成七章，編輯成書，名為《白米不是炸彈》，二〇〇七年八月，在印刻出版社出版。

楊儒門的文筆，草根氣息濃厚，十分流暢，敘述故事特別生動，但他畢竟是初學「寫作」，有些地方難免生澀，音寧不只花費不少時間作編輯工作，還要費心作段落調整、文字潤飾……。

然而，整本書，看不到吳音寧的名字。她不居功。這就是音寧的氣度、風格。

正是和獄中楊儒門通信期間，足足超過二年多的日子，音寧也自我「閉關」，幾乎「足不出戶」，從不接「外務」，很少外出參加什麼聚會、活動，每天早晨簡單吃完早餐，就「關」進房間，整天書寫。

當年我們家還未有書屋，她的寢室兼書房，就在三合院低矮的東邊護龍（東廂房），是音寧從小和阿媽一起睡的房間。

我家三合院「門口埕」（曬穀場），水泥地面，夏季豔陽、熱氣蒸騰；東邊護龍西曬日直射，房間特別熱，音寧似乎無所覺，日日在她的書桌，專注書寫。

整整兩年多，終於完成二十五萬字的臺灣農業觀察報告，書名《江湖在哪

裡？》，和《白米不是炸彈》，二〇〇七年八月，同時出版。

吳音寧的文學創作，尚未發表之前，從不出示於我，從不讓我「過問」。至今，我唯一有參與的是《江湖在哪裡？》。

我提供兩大包（箱）珍藏的史料。

其一是一、二十大冊「剪報」。數十年來我一直維持剪報習慣，分類保存，和農業相關的新聞報導、論述，占最大宗。我整理出來全部交給音寧參考。

其二是我的母親，經年累月保存下來的一大包稅單、收據，包括田賦、水租、房屋稅、教育捐、肥料換穀、餘糧繳交、腳踏車牌照稅……等等。

我的母親不識字，一輩子耕作，「萬萬稅」的稅單、收據，都小心翼翼保存（聽母親說，彰化縣農田水利會曾經發生一期水租收兩次的事件）。

一九九九年母親逝世，我將這些稅單、收據再作收集、整理，再用母親的包袱巾打包、存放。這是見證臺灣農村、臺灣農業發展的第一手資料，有憑有據，彌足珍貴，我整包交給音寧，對音寧的創作有很大助益。

因為有這兩大「貢獻」，再加上一個充足理由：我畢竟親身經歷過臺灣農村生活，對臺灣農村、農業變遷歷史總有些實際了解；我要求音寧的文稿要給我看看。

吳音寧以文學筆調，敘述楊儒門主動投案的場景，作為開場；並以同時代三位農家子弟（海口的楊儒門、平原的吳音寧、山區的林淑芬）的成長背景為主軸，循線追索梳理一九五〇年代到二〇〇二年左右，國府來臺半世紀的農業政策、農村變遷……，並溯及日本時代做對照。

音寧的文采、見識、思想脈絡、敘事結構等，都不需我費心思。我唯一有意見的是，臺灣農業發展和地方派系、黑金結構息息相關，地方上盛傳的黑道故事，音寧秉筆直書，毫不避諱，我擔心可能會引來禍害。

二〇〇七年《江湖在哪裡？》獲得「開卷十大好書」的肯定；據我所知，很多大學研究所（中文研究所、臺文研究所、社會研究所）採用為必讀教材。我不多作評述，但我不避嫌，一定要指出，我認為這本書最精采、最「厲害」的所在，是大量引用各家文學作品，適時穿插在段落之間，去印證那個時代背景、社會現象，非常貼切，增添無比柔軟的感染力。

我要實在說，這樣的文學涵養、功力，大概是至今報導文學作品中很少見的吧？

可愛動物園區流血事件

二〇〇九年那時，我希望音寧繼續寫作，但是，她最終還是自己做決定，選擇暫時擱下她的文學創作，去實踐她的農鄉願景。

沒想到，一投入就是七年多。

在她任職公所擔任祕書期間，除了多次帶領鄉親，進行守護農業灌溉用水、守護農地及護樹等抗爭，也在黃鄉長的充分授權下，推動不少改革，包括，文資保存、老屋活化、幼兒園在地食材、村莊老人公益食堂、黑泥季、友善種植等政策。

音寧甚得人緣，尤其是鄉內長輩，對她有很好的評價。在二〇一四年黃盛祿鄉長競選連任成功後，平常較關心地方事的鄉親，自然而然就想到「吳祕書」作為接任者。音寧從未有這規畫，但越接近選舉，越來越多熱心人士「勸進」之下，也開始動搖。

一來，既然已經熟稔鄉政，又擔心下一任「所託非人」，有些良好政策，恐被中斷；二來，擔心有些不當的「建設」又趁勢「開發」；三來更有些願景，希望繼續實踐。總之就是放不下使命感，也割捨不了農民鄉親的期待，猶豫再猶豫，終於，穿起黃鄉長為她準備的競選背心，接下鄉長大部分行程，勤快「跑攤」、「走好歹事」。風聲快速傳出去，吳音寧將代表民進黨參選下一任（二〇一八年）溪州鄉長，大概已成定局。

音寧擔任主祕期間，多次帶領鄉親進行抗爭。

不料才「起跑」一、二個月，卻爆發了「可愛動物園區」的流血事件，重重挫傷了她的參選意願。

彰化縣可愛動物教育園區（簡稱為可愛動物園區），是二〇一三年底，由彰化縣政府提出，二〇一四年底，經彰化縣議會（議長謝典霖）審查通過七千多萬元預算，預計在彰化縣打造一座，收養流浪貓狗、及各式動物的教育園區。

然而，此動保政策，歷經選址、規畫設計、工程發包，進行至二〇一六年底，民進黨籍縣長魏明谷任內，在溪州鄉開工後，當年通過預算的縣議員們，卻突然紛紛跳出來反對。

民進黨議員李俊諭，率先以「程序不符」為由，要求縣府停工，召開說明會，中國國民黨議長謝典霖，也隨即加入。我必須特別介紹，未滿三十歲，即當上彰化縣議會議長的謝典霖（已改名為謝典林）。

謝典霖家族（地方上人稱「謝家」），是南彰化「事業」龐大的家族。從謝典霖的阿公謝言信「打拚出」一片天地，擔任縣議員、省議員到立法委員；

順利「交棒」給媳婦鄭汝芬，再從縣議員、到立法委員共十二年；再傳給孫子謝典霖，至今統計超過四十年。

人脈廣闊，財力雄厚，「影響力」的根系，盤根錯節，深入各「民間組織」：鄉農會、縣農會、農田水利會、救國團、民眾服務站、婦女會、義警、義消、乃至廟宇、「青農」協會、體育會……等等，更縱橫交錯的蔓延至鄉公所、鄉民代表會、村鄰長等。謝家還有南彰化「孤行獨市」的媒體「第四臺」鎮日放送……。二〇一九年更「分枝」傳給孫女，欲競選本屆立法委員，早已四處掛出和韓國瑜同框的大型看板。

有哪家媒體（記者），敢於像對待吳音寧那樣「鍥而不捨」，去追蹤報導謝家的「新聞」、去挖掘謝家的發跡史嗎？

基本上，音寧在溪州鄉公所擔任祕書期間，歷經反對國光石化，設立在大城芳苑的海灘濕地；反對「二林中科」搶奪農業灌溉用水……等，種種社會運動所對抗的，贊成方，都是謝家。但是，來到二〇一七年的動保議題，謝家夥同民進黨議員或民進黨議員夥同謝家，卻「搖身一變」，以「守護鄉土」、

「反對汙染」為口號，來反對可愛動物園區。

我看到沿路插滿旗幟，上面寫著「守護鄉土」……這些標語，非常熟悉，原來是複製了前幾年我們反對國光石化，反對中科搶水運動的套路，一模一樣的語言，甚且更聳動；「同樣的語言經過篡奪之後，通貨膨脹到破產的地步。」

不僅民進黨議員李俊諭出動宣傳車，全鄉遶行、放送，謝典霖的宣傳車，更是懸掛白底黑字的布條，說是「反對公園好所在，變成流浪狗來放屎」。宣傳車大聲疾呼，號召鄉親，「作夥站出來，反對反對反對」，因為，「這個說明會，若是乎伊通過，咱彰化縣所有的流浪狗和貓，攏會送來咱溪州鄉，咱這麼好的環境，攏會消失，咱所有鄉親，所接觸的，都是狂犬病，傳染病，和惡蟲，甚至，要來做燒死狗，燒死貓的場所……」。

這是造謠，更是不實的恫嚇。但這些話，很容易懂，煽動性極強，不只透過宣傳車，更透過謝家的第四臺，透過電視螢幕，強勢的傳遞給大多數，原本對流浪動物就沒什麼「好感」的鄉親，更加恐懼、更加排斥。

雖然，彰化縣政府也出面，為政策辯護：建築都採隔音材質，減少噪音汙染，園區四周會種植樹木當隔離綠帶，景觀不會有違和感。每棟建築物都有獨立的汙水處理系統，完全不會造成環境汙染，可成為國中、小校外教學的「優質生命教育園區」；參與規畫園區的獸醫師也說：「這是動物收容中心的提升版，所以稱為教育園區，園區內將有五名獸醫師，流浪動物經過治療、關在寬敞的透明格籠內，讓前來公園的人士認養，還有服務犬訓練中心……」等等。但，說明的聲量，相較之下，顯得小聲，採用文字描述的方式，對大多數不識字的鄉親來說，也相對有隔閡。

其實，可愛動物園區是彰化縣政府的政策，和溪州鄉公所、和公所祕書吳音寧，沒有直接關連，音寧可以不表意見，或者，講一些「傾聽民意」、「順應民意」的政治話語，敷衍過去。

但在尊重生命的立場上，她向來愛護流浪動物，對於既有的收容所空間不足，縣府要規畫新的園區，她和一些年輕夥伴，都「樂見其成」。因此，她的團隊找資料、寫臉書、做文宣，替彰化縣政府站出來闢謠，向鄉親說明、溝通。

在說明會召開的前幾天，警察局等已接獲「情資」，會發生衝突。關心音寧選舉的鄉親都勸音寧：「你之後要選鄉長的人，不要碰這種議題，跟你沒有關係。」黃鄉長和副縣長林明裕，也一再叮嚀音寧不要涉入、不要去現場，「那些人一定會政治操作，『設局』給你跳。」（鄉親知道，音寧收養多隻狗）。

音寧沒有「政治Sense」嗎？沒有政治判斷力嗎？但她沒辦法假裝沒看見，更何況，現場有支持動保議題的夥伴在，她放心不下，無法置身事外，因此，她執意到說明會現場。

她淡淡回應：如果我才起步準備從政，就學會閃躲立場，屈服「選票」考量，不敢表明態度，我寧可放棄。

但果然，她一到說明會現場，就被包圍了。

當天藍綠議員動員來數百位鄉親，從錄影畫面中，還可以看到百餘位「少年仔」，魚貫列隊入場。

音寧走入鼓譟的群眾中，謝家的樁腳之一，某青農協會的會長，一看見她，便將麥克風遞給她，「吳祕書你贊成興建嗎？」音寧也毫不遲疑接過麥克風，站上臺，語氣和緩而堅定的說：如果彰化縣政府按照規畫興建、管理，我認為沒有問題，我是贊同的。於是當晚，謝典霖家族的「第四臺」頻道，只保留這一句：「我是贊同的」，不斷重複播放。

在音寧發言後，現場其他民代，繼續罵、繼續高呼反對，導致說明會無法召開。群眾幾番推擠，叫囂之後，幾個動保人士，被「少年仔」一擁而上，從說明會場追打到馬路外，打到頭破血流，送醫急救。

根據現場全程目擊，近身觀察的記者顏宏駿描述：「說明會的流血事件，受傷的全是ＥＭＴ流浪動物救援組織成員，他們身穿黑衣、滿手刺青又身材魁梧，當天散會後，成為被爆打的目標，造成五人受傷、三人送醫……，只知事件爆發時，組織成員幾乎都抱頭，不敢回擊。」

音寧人在現場，得知動保人士被打到送醫，她雖然不認識，但她緊急趕往醫院。據她描述，她人在急診室內，憂心動保人士的傷勢之際，卻瞥見這群少年仔，竟然拿著棍棒，追趕到醫院門外，來勢洶洶，看似要衝進急診室內，繼續打，嚇得她大叫：「報警！報警！報警！」

她手中的手機錄影，搖晃著錄下了這一幕，也記錄下動保人士被打到鼻梁歪掉、身體多處挫傷、腦震盪，躺在急診室的畫面。

音寧的鄉公所同事江昺崙，也全程參與，有篇文，貼在他的臉書，描述音寧當天的狀態：

「她以前可以面不改色地跟黑道砂石業者對嗆，也可以為了保護大樹，一個人跑去擋怪手，跟五、六個工人吵架。但她今天哭了。」

「吳音寧崩潰的那一幕，我印象非常深刻，我幾次看過她偷偷擦眼淚，是林冠華的死，與陳映真離開的那一天。但都沒有當天那種絕望的感覺。」

更令音寧挫敗的，不只是流血事件本身，而是其後在媒體報導中，在縣議會議長主持的場子裡，藍綠議員，透過輪番「質詢」的表演，把事件導向成「縣府處理不當，動員環保團體，放任黑衣人（指動保人士）到場滋事、挑釁……」。

甚至，把幾個人被上百人圍毆，下標為「民眾和動保人士打群架」。溪州鄉的代表會主席（目前，因工程弊案被抓去關），還夥同其他代表，到學校聯合畢業典禮拉白布條，揮舞著，說要「捍衛溪州正義」，說動保人士「打人的喊救人」——言語，已經完全錯亂，失去共通的意涵。

而彰化縣政府，魏明谷縣長，面對議長帶頭，號召出來的暴力、流血事件，採取什麼態度呢？他在縣議會備詢時，在藍綠兩黨議員施壓下，又是「會再溝通」、又是「評估選址」、又是「尊重民意」、「民調決定」，最終，還是讓支持動保的人失望了，撤案了。

因緣際會

說來，也許是命運的安排。恰是在這樣傷心的背景下，音寧接到農委會副主委陳吉仲打來的電話，徵詢她有無意願，接受農委會推薦，去擔任北農總經理一職？她只猶豫了一天，就應允接任。

她從小在農村出生長大，不管是書寫臺灣農業觀察的書籍，或參與創立「臺灣農村陣線」，或進入溪州鄉公所工作，在在都是因為，她對農業、對臺灣農村懷抱的熱情。

而北農總經理這個位置，對她來說，正可實踐她的理想，也可以實質做些事情，她心中有期待。

我也大致理解，她想趁此離開家鄉的心情；但何處不江湖？溪州，她土生土長的小池塘，都如此傷人，更何況臺北大江湖，那麼複雜的環境？而我的擔憂，反對沒有用。音寧從就讀高中，自主性就很強，關乎她個人的「前途」，我的「建議」，很少被「採納」。

我是十足世俗、保守的父親，不求子女有什麼成就，只望健康平順、安穩過日。

音寧高中時期，就已展現文學天分，得過彰化女中全校文學獎首獎。我印象最深的，是一篇為張學良申冤的詩作。高中畢業，填寫聯考志願，我一直說服她選擇師範學院體系，當老師，像我們夫婦，生活安定有保障，又有餘裕寫作。她不接受，執意要讀法律系，要當「人權律師」。

我退而求其次，不然去讀中央警官學校（那一年只錄取三十名女生，音寧是正取），一樣是讀法律系，可以「伸張社會正義」，而且「進可攻、退可守」，同樣可以考法官、律師，也可以當「安定」的「公務人員」，但音寧不考慮。

北上就讀東吳法律系後，她大部分時間，和好友林淑芬，積極參與學運、社運。我當然擔心，數度專程北上看望、苦勸她「以課業為重」，好好準備司法人員特考，常引發激烈爭辯，無法改變她。

二〇〇一年，她辭去報社編輯工作到美國遊學後，「偷偷」去墨西哥東南山區的叢林，探訪游擊組織，也沒有事先跟家裡的人「報備」或告知。她自有主見、定見。她既然決定去接任北農總經理職位，我也只能叮嚀她二句話：「認真做事，慎防陷害。」

臺北農產運銷公司

音寧的人事案，可說是在動盪不安、備受矚目的情勢中，「意外」提出。最主要是因為當時，民進黨執政的中央政府（農委會）、柯文哲執政的臺北市政府、以及中國國民黨的農會系統（以雲林張榮味家族勢力為代表），透過臺北農產運銷公司的總經理、董事長之位，已經角力年餘了。

創立於一九七四年的臺北農產運銷公司，因公司股權分配，大致上屬於「三足鼎立」（臺語「三腳督」）的架構。

官股方面，臺北市政府和農委會各有二二．七六%的股份，也就是說，旗鼓相當，各有五席的董事。但是因為北農公司所在的土地、建物都由臺北市政府出租給北農，到底農產公司的定位，是傾向全國性的批發市場，抑或侷限於消費地（大臺北地區）的市場，也因股權分立，權責不清，而定位不明確。

另外，全國各級農會占北農公司股份的二四・八一％，農產運銷又有不小比例是透過農會集貨、出貨、運至批發市場拍賣，因此，中華民國農會暨縣農會、鄉鎮農會的系統，長期以來，在北農占有很大程度的影響力。

其餘，則是民股（農產品販運商等）占二〇・一九％，青果運銷合作社占九・四八％。總計二十三席董事，組成董事會，選出常務董

北農所處的狀況，是台灣政經局勢的縮影。

事，再選出董事長，然後由董事長提出總經理人選，交由董事會決定，是其基本的運作模式。

在北農至今四十多年來的歷史中，除了陳水扁擔任臺北市長、擔任總統期間以外，農委會和臺北市政府以及農會系統，基本上都同黨派，也就是中國國民黨；而眾所周知，雲林張派把持農會系統已數十年。

不只北農前任總經理韓國瑜，是張派人馬；現任中華民國農會總幹事，以前名叫張永福，曾涉案，判刑後逃亡，出獄後才改名為張永成；背負刑事紀錄，卻一路攀升，更身兼北農的常務董事多年。他是目前涉及工程弊案入獄被關的張榮味的妹夫，現任雲林縣長張麗善的夫婿。

一間北農公司，恰如臺灣農業所處的政經局勢縮影；骨子裡，和日漸漂白、並變換宣傳模式的黑金勢力，脫不了關係。

二〇一六年，民進黨全面執政後，農委會和臺北市政府，原本意欲延續「白綠」合作的模式，決定董事長及總經理人選，但是，人事問題，卻爭議了將近一年。

農委會、臺北市政府、和農會系統，三方之間，光報載的可能的總經理人選，就不知道有過幾個，更別說，一下子推舉誰、一下子毫無預警的拔除誰，在媒體上鬧得沸沸揚揚，令人看得眼花撩亂的戲碼。

我無從理解，複雜的政治盤算，其間，到底有過哪些「過招」與「交手」，涉及多少勾心鬥角的情節？我也無從去揣測。其實，至今我仍然不太確定，當時到底是誰，在北市府和農委會關於北農人事，「喬」了多久仍「喬不攏」之際，最先「想到」了吳音寧？但是可以肯定的是，絕非什麼「高層」，更不是我們家主動去爭取。

過程很簡單，就是二〇一七年五月三十一日，音寧意外接到農委會的徵詢電話，隔天她回覆同意，農委會立刻將訊息報給臺北市政府，而市長室也隨即打電話給音寧，要她六月四日（星期日）去和柯文哲市長見面。我記得，音寧往返臺北一趟，隔天（六月五日）到溪州鄉公所上班時，媒體就來了！

女作家不適合當總經理？

「農委會推薦作家吳音寧任總座」、「民進黨欲讓作家掌北農」等新聞標題，陸續出現。消息一出，來自四面八方，現身或暗藏的「弓箭手」，就開始拉弓放箭了。

率先不滿的聲音，來自雲林張派。北農常務董事張永成，以市場複雜且利益取向，不乏喝酒吃檳榔者為由，帶有性別歧視意味的表示：一般女孩子來怎麼跟人家溝通？吳音寧則反擊，女人和食物的關係才大呢，哪裡不適合領導市場作業？

還有一支隊伍，由「反年改」人士所組成，人數眾多、力道強勁。因為對蔡英文總統的怨恨，找到我作為宣洩出口，再轉嫁到我女兒音寧身上。在音寧就任之前，就已經開始編造，所謂的「酬庸說」、「靠爸說」。

譬如，二〇一七年六月十五號，《自由時報》有則新聞報導到，員林某高職的教師會理事長，被發現在網路上留言，誣指「吳音寧的爸爸詩人吳晟自廢十八趴（並沒有），獲得小英政府賞識，身兼國策顧問（應為總統府資政），為小英政府打壓軍公教，高領退休金（不知所云），獲政府當局提拔他女兒去當北農董事長（實為總經理），又發動（發動？）新聞記者報導自己的女兒「節檢（錯字）開爛車（就是一臺老車啊）……」等等。

只不過音寧上任之前，反年改人士的說詞，還沒有透過特定的媒體及社群網絡，被大規模的操作。

音寧的人事案，也引發「女作家」是否適任北農「總經理」一職的爭論——好像，「女作家」和「總經理」這兩個身分（或職業），是不相容的？不少文化界、社運界、生態、農業領域等，識與不識的朋友們，紛紛為文，反駁人們對於角色認知的刻板印象。

包括音寧的好友，立法委員林淑芬，也在臉書寫到：

「文學是社會的良心，文學家悲天憫人，因他人痛苦而感同身受而書寫。可惜臺灣文學被棄置、沒落了。沒落到有人無知的說，詩人，文學家他們沒有涉入政治，或農業的能力。

「政治人物最需具備的能力是什麼，你們真的知道嗎？是要對人民的苦能夠感同身受，然後才會覺得有非為人民而努力改變不可、非解決不可的責任感、使命感。

「文學家也是。而你們竟然說詩人不專業？你們難道不知道世界上有許多的治國的總統、總理都是文學家、詩人出身嗎？

「世界上有名的捷克哈維爾總統，是詩人劇作家；來過臺灣的馬其頓總理喬傑夫斯基，就是詩人；印度有詩人總理瓦杰帕伊；隔壁韓國也出過詩人總理卞榮泰；冰島也有詩人總理……。」

總的來說，音寧的人事案，除了處於民進黨、柯文哲、和中國國民黨的農會派系「三腳督」的角力、拉扯中，更涉及價值的衝突：是挑戰農會派系，或不要得罪農會派系？是打破北農四十多年的傳統，選一位女性，或延續男性霸權，比較安全？

甚至從音寧身上，也衍伸出，是往企業大農，或最適規模的生態農業、是朝單一種作，或主張多元價值等，對農業政策不同看法的矛盾，埋伏著。而作為決策者之一的臺北市長柯文哲，會怎麼決策呢？

那個開旅社的女人

二〇一七年六月五日，在音寧和柯市長見面後的隔天，音寧如常到溪州鄉公所上班，臺北市議會內，鎂光燈鏡頭從議場上方環伺，俯瞰而下的「舞臺」場景裡，有一場質詢，正上演著。

質詢者是音調高亢、中文字正腔圓的臺北市議員秦慧珠。她是資深從政人士，中國文化大學，中國文學研究所博士，曾擔任《聯合報》主編、中國文化大學助理教授等職務；應該有「文學素養」或「文化水準」吧？

被質詢者是新竹中學畢業，重考進入臺大醫學系，擔任臺大醫生，二〇一四年以「素人之姿」當選臺北市長的柯文哲。

質詢的時間，約十多分鐘。我反覆聽了多遍錄音檔，我兒子志寧還費了很多功夫，將逐字稿記錄下來。

其中，最令我感到刺耳的是，兩人「對話」中，「那個開旅社的某小姐」像主題變奏一般，而「人是民進黨硬塞的」的論調，也以一種，替柯市長抱不平的說法，首度被提出。

是秦慧珠議員事先和柯市長套好招的問答嗎？在此節錄片段，供大家參考，也為歷史留下紀錄。

秦：主席：我們臺北市政府柯市長，被人家欺負……因為他們威脅勒索，要向柯市長要一個總經理，我們覺得茲事體大，我們同情柯市長，也擔心他被民進黨欺負，所以要談這個問題，多麼的重要跟嚴重……

秦：農委會推薦的（總經理人選）是誰？

陳（臺北市政府官派的北農董事長陳景峻）：農委會第一個時間推薦的是賴坤成。

秦：那我們市政府反對？

陳：市政府當初在討論的時候，那市長也認為說第一個，他是希望說用專業人士來坐這個位置。
秦：賴坤成非專業人士？
陳：那由各界去認定，那因為他有當過臺東市長，那時候他有兼臺東市果菜公司的董事長，算不算專業由社會認定。
秦：那你們為什麼否定他？
陳：我們否定他，是因為要專業人士嘛。
秦：那你剛剛講，他已經當過臺東果菜市場公司的董事長，你們還認為專業不足？
陳：我是這樣認為啊，那市長是有另一種全盤的考量啊。
秦：好，那請市長說明一下，為什麼你否定賴坤成這個人選？
柯：第一點齁，也不是說否定，就是說這種人選可以，比方說有幾個人選，然後大家再經過一個徵選的程序嘛。
秦：賴坤成，這個人選，媒體曝光很久了，他也到議會拜會過民進黨的議員，到後來為什麼被你否決？

柯：我覺得這個，還是，我是希望有專業性。

秦：所以否決之後，農委會又推薦了誰？

柯：他們推薦那個叫什麼？吳音寧是吧？（真是假仙呀！）

秦：好，那吳音寧，你見過她嗎？

柯：見過。

秦：什麼時候？

柯：昨天中午。

秦：昨天中午第一次見。你之前認識她嗎？

柯（搖頭）。

（搖頭後又說）：ㄟ，好像好像有一次我去溪湖，她們有開一家溪湖的成功旅社，我在那裡好像有看過她。

秦：成功旅社？

柯：她是吳晟的女兒嘛。

秦：她是在溪湖，溪湖在哪裡？

柯：彰化溪湖。

秦：彰化有溪湖？

柯：彰化溪湖，有有，對！

秦：彰化溪湖開旅社的人？要來當我們臺北市農產運銷公司的總經理？

柯：不是，它以前是旅社，啊現在改裝成農產文創店……

秦：文創店來當我們臺北市文化局長算了，你看怎麼樣？

柯：沒有啦，不是，這個是這樣齁，我沒有說我直接否定那個……

秦：所以他們就是，你不高興就是，昨天來見你完，今天就霸王硬上弓了，請你聘她當總經理，你沒有答應，堅持要專業……

柯：我是堅持要，我是很尊重程序正義的人，就是說你一定要走程序嘛……那要投票，贊成或不贊成……

秦：這一點我相信大家都支持你啊，要專業人士，要有程序正義，這是放諸四海皆準的準則，沒有人會反對，所以我們沒有要質疑你啊市長！

為什麼人家可以欺負你到這個地步，昨天派一個開旅社的人來跟你見面，今天就要你任命她……然後是一個叫什麼？吳音寧的？然後是開旅社的……

秦：像話嗎？

秦：那這個開旅社的這位小姐，是誰推薦的？

柯：那這個應該是，應該是，農委會，農委會。

秦：那憑什麼人家就這樣看不起你，硬塞，路人甲，路人乙，開旅社的給你？

秦：這個開旅社的，可以上達農委會副主委來推薦，她的背景是誰？

秦：要拿這個總經理職位，要給這個開旅社的某小姐嗎？

柯：沒有沒有，不要說她開旅社啦。

秦：那開旅社是你剛剛說的，不是我說的嘛。

「開旅社」、「開旅社」、「開旅社」，重複了十遍——若真是位開旅社

（經營旅館業）的女人又如何？就該受此貶抑？更何況根本不是。

雖然柯市長有試圖去「糾正」，不要這樣說，但他被秦議員問及，「你之前認識她嗎？」第一反應卻是搖頭，然後，才「好像好像」想起，他曾到成功旅社拜訪。

二〇一五年八月，柯市長曾到溪州，還去參觀過成功旅社，也和音寧見過面。他應當知道，所謂「開旅社」的成功旅社，其實是溪州鄉一棟歷史悠久、古色古香的百年建築。

曾經是旅人涉渡濁水溪南北之間，十分熱鬧的歇息站。因時代變遷而沒落而休業，荒置三十多年，直到吳音寧擔任溪州鄉公所祕書，又重新打掃整修，作為在地很重要的社區及文化據點。不僅經營成「農用書店」，數年來在農鄉推廣文化活動，也吸引多部電影、電視連續劇等前來拍攝。譬如二〇一五年，柯市長來參觀的那一年，鄭文堂導演的公視連續劇《燦爛時光》便在此拍攝。可說成功旅社，數年來已「小有名氣」。

但秦議員完全不想理解，農鄉的文化耕耘，是何其緩慢且辛苦的差事，盡只是高分貝的再三輕蔑。

是的，就是輕蔑。

「臺北觀點」的傲慢，至少透露三大歧視：一、彰化溪湖（鄉下）。二、開旅社。三、女人（某小姐、那個女的）……。

這樣「輕蔑」的質詢，大概是臺北市議會甚為普遍的「問政風格」，且多數議員有過之無不及吧；而「鄉下女人」的「形象」，或許可以看做吳音寧成為「箭靶」的「原罪」。

像是馬英九說，「鹿的耳朵裡面的毛，叫做鹿茸」、黃昭順在立法院質詢時，問「臺三線」是「哪三條線」、乃至韓國瑜，歧視的說什麼「阿爾卑斯山旁邊，像不丹，有一個麵包吃，就覺得自己全世界最快樂」等等，臺灣政治人物，無知識、無常識，所鬧出的笑話，太多太多了。

柯文哲錯把溪州講成溪湖，秦議員也跟進，這只是小錯。

但吳音寧是誰？柯文哲說，吳晟的女兒。吳晟是誰？即便是中國文學教授出身的議員，臺北都會人，不認識、沒聽過，但花個幾秒鐘，上網搜尋一下，花個幾分鐘了解一下背景，再上臺質詢，有那麼困難嗎？

我無意針對秦慧珠議員。在爾後，臺北市議會一場場，棒打吳音寧的連續劇裡，秦議員並未參與其中，在電視臺的政論節目中，也未「口出惡言」。但這個例子，不只提供大家見識一下，臺北市議會的問政品質，同時，也多少透露出臺北市議會（政治領域）普遍對吳音寧的陌生。

人是他們塞的？

在二〇一七年六月五日，秦慧珠議員透過質詢傳遞出來的「印象」裡，除了「開旅社的女人」被引為新聞標題，還有就是替柯文哲說，「你不高興是昨天才來見你，今天就霸王硬上弓，要你聘她當總經理，你沒有答應……」——「霸王硬上弓」？

六月六日的《聯合報》標題，便出現「柯不滿農委會『霸王硬上弓』」。

但，到底是如何硬上弓了？

我不清楚民進黨或農委會從二〇一六年起，和臺北市政府，就北農人事，實際交涉情形為何？但是，曝光過的人選，有郭文彬（柯文哲不要），有蔣玉麟（柯文哲不要），有賴坤成（六月五日的質詢中，秦議員曾問柯市長，「賴坤成，這個人選，媒體曝光很久了，他也到議會拜會過民進黨的議員，到後來為什麼被你否決？」柯市長回答，「我覺得這個，還是，我是希望有專業性。」意思是，柯文哲不要）。

臺北市政府擁有北農二二．七六％的股權，若柯市長不要，農委會不管提什麼人選，都不可能在北農董事會中通過（除非農委會和雲林張派合作？反之亦然）；這不是明明白白的事實嗎?!

但事實來到今日，多麼容易被一兩句，刻意塑造出來的標語式的話語，給全盤扭曲、歪偏、淹沒了。

然後，為了澄清事實、為了替事實辯解，得耗費多少時間精力，還不一定能讓事實浮現。

譬如，秦議員「霸王硬上弓」的說法，雖然缺乏事實根據，但，透過媒體「放大」、「加乘」的傳播效果，便形成一種「印象」。

印象中，好像好像……

「人是他們塞的……」距離秦議員質詢後約九個月，北農休市事件「爆發」，柯市長面對提問，便沿用秦議員當初拋出的概念，更進一步，用貌似「無辜」的表情，把他自己變成「受害者」一般。

甚至，貌似「生氣」的加重語氣，加強印象的重複「脫口而出」，「我就很想講髒話，人是他們（農委會）塞給我們的……」。

但他似乎忘了，或者，刻意遺忘，難不成是「靠勢」（臺語）臺灣民眾普遍「記憶力」有限？不會想起，北農人事紛擾一年後，在二〇一七年六月十三日（媒體有小則新聞），提及臺北市政府，依柯市長接受秦議員質詢時所說，「一定要走程序嘛」，對於北農總經理的人選，進行遴選作業。

「共有四位候選人，分別為民進黨祕書處主任蔣玉麟，畜產公司前董事長郭萬清，前民進黨立委賴坤成，作家吳音寧。」然後依照柯市長講的，要投票，贊成或不贊成，「經十四位遴選委員投票，由吳音寧出線」（如報載）。

市長室遴選、投票出來、決定出來人選，交由臺北市政府官派的董事長陳景峻，在二〇一七年六月二十日，於北農董事會中提出，經臺北市政府及農委會的官股、以及民股、青果社董事的同意，在雲林張派掌控的農會系統不同意下，表決同意任命吳音寧擔任臺北農產運銷公司成立四十多年來，最年輕，也是首位的女性總經理——所以，人到底是怎麼被「塞」給柯市長的？

我之所以不厭其煩，敘述音寧「意外」去任職的「流程」，是因為我曾經感謝柯市長，「賞識」吳音寧，但後來每聽他說一遍「硬塞」的撇清的論調，就對他減少一分感謝，增加一分鄙夷。

總經理的房間

二〇一七年六月二十一日，吳音寧婉拒不少鄉親，要包遊覽車陪她去壯聲勢，獨自北上任職。

從第一天到卸任那一天，她都住在總經理辦公室內附設的小小寢室，以果菜市場、以辦公室為家。我曾建議她在外租房子，才有自主的時間和空間，而她期許自己全力投入工作，覺得住在外面，每天上班往返很麻煩，因為果菜市場的拍賣作業凌晨半夜就動起來，住在辦公室內，隨時可到拍賣現場了解實際狀況、處理突發事件。

直到音寧上班已數個月，有一次聽她說辦公室空蕩蕩，沒有任何裝飾，我請一位書法家、昔日學生黃民豊，寫一幅字，抄錄鄭板橋家書〈寄弟墨書〉中的一小段：「天地間第一等人，只有農夫……皆苦其身、勤其力，耕種收穫，以養天下之人……」。在二〇一七年十二月二十九日，和裱框師傅一行人，送去給她掛在辦公室的牆壁上。這是我第一次，也是至今唯一一次，進到北農果菜市場內的總經理辦公室。

音寧辦公室下鋪地毯，上裝天花板，都很老舊、霉味很重，再去看她的臥室，狹窄陰暗、不透風的小房間，實在「嘸甘」。我忍不住嘮叨：居住品質未免太差、太不講究了吧！臺灣天氣炎熱而潮濕，根本不適合鋪設地毯，何況已經老舊、霉味濃烈；天花板處處水漬痕跡，早就該換新……。

我突然聯想到，這間辦公室，無疑是北農的縮影，應振興、應改革的事物太多了。農委會推薦吳音寧，用意當然是希望她有所作為，而不是因循吧。

音寧無暇、無心思「改善」自己的居住環境，專注投入熟悉業務。

任職北農五百多天，她一直住在這間辦公室附設小小休息室，純粹只是為了上班方便，卻被網紅譏諷為「矯情」、「沽名釣譽」、「連房租都省了」……。相較於前任總經理，當選高雄市長上任第一天，去果菜市場「公開」住一晚（僅只一晚），吸引大批民眾前往陪伴，媒體紛紛報導多麼感動，真不能相比呀！

北農組織龐雜，拍賣員、理貨員、行政人員……員工編制約六百人左右，臺北市議員梁文傑，曾在議會市政總質詢時指出：「臺北農產運銷公司原本新進人員需經甄選，但前任總經理四年多任期，『免試』進用二百一十八人，部分人員還是選國民黨黨主席時的幕僚……」。

音寧擔任總經理後，希望建立比較開放、公開、透明的人事任用制度，卻也開始得罪人，包括，調動曾在《中國時報》任職，常陪前任總經理打麻將的黃姓員工……等等。

北農各派系、各山頭，四十多年來延續至今，「黑影幢幢」的傳聞，時有聽聞。音寧上任不久，有次她返家，接到工作人員告知，批發市場發生駐衛警在工作現場被暴力毆打的事件，後來她曾跟我提及，打人者，打人之後，找來一些人要「調解」，但她堅持捍衛基層員工提告，不接受人情關說而「私了」；想必也得罪了一些人。

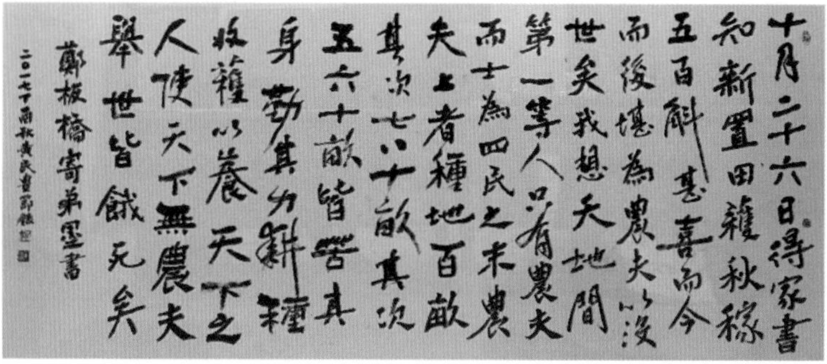
十月二十六日得家書
知新置田穫秋稼
五百斛甚喜而今
而後堪為農夫以沒
世矣我想天地間
第一等人只有農夫
而士為四民之末農
夫上者種地百畝
其次七八十畝其次
五六十畝皆苦其
身勤其力耕種
收穫以養天下之
人使天下無農夫
舉世皆餓死矣
鄭板橋寄弟墨書

當然，更包括某些國民黨籍的臺北市議員，藉由質詢嗆聲，私底下要求東要求西，她都堅持要守住原則……。

這只是我約略知道的一些，我不知道的想必更多，因為我理解音寧的個性，不妥協，不和稀泥，因此暗中很替她擔心。尤其，她一上任，就聽她透露，拖延多年的第一果菜市場改建案，問題重重，涉及一百多億的工程經費，我就更擔心了。

在音寧就任初期，幾位好友關切的問我：音寧還好嗎？我笑笑說：沒新聞就是好新聞。我知道她的處境危機四伏、暗潮洶湧，我內心其實是惶惶不安的。

市場裡的兩本日曆

引爆點終於來臨，導火線出乎意料之外，竟然是休市日期。

「休市」（市場的公休日）到底是怎麼一回事？

我發現音寧，在二〇一八年三月，休市事件剛發生時，便在她擔任總經理改版後的北農刊物《農產運銷報導》中，放了一篇說明，名為〈關於休市——市場裡的兩本日曆〉。同年十月，距離九合一選舉只剩一個月，她又推出休市專題，娓娓敘述休市的演變，概略是這樣：

早期，臺灣農村社會，生活節奏大抵依循著農民曆。一九七四年，北農第一果菜批發市場開業之初，市場作業，僅農曆春節休市兩天。其後，隨著時代的發展，因應休假的需求與爭取，陸續把農曆民俗節日後一至兩天，加入休市的行列，也把春節改為休市五天（延續至今）。

二〇〇一年，臺灣實施週休二日後，民眾採買蔬果的尖峰期，逐漸轉為週六、日，市場的休市日，也從農曆「歇節後」的習慣，改成每週一休市，沿用至今。

因為市場公休日採「國曆（週一）例休」及「農曆民俗節日後休」兩本日曆併行的制度，有時候，便形成「連休三日」的情形。在二〇〇九年、二〇一四年、二〇一五年、二〇一六年都曾經發生過。

《農產運銷報導》中，並採訪了「產」和「銷」雙方代表，表達對於休市的看法。

受訪的蔬菜公會理事長林長平，代表承銷業者表示，「為了服務民眾，我們不僅得每天過著日夜顛倒的生活，每週也僅休週一，整年度才休六十幾天（比日本批發市場少休息一百多天），實在少得可憐。當然希望可以增加休市的天數。並不奢求可與日本同步，僅冀望未來或許也能週休二日。」他並且說，「若非『連續休市』有時並未有休息的感覺。」

但是，農民方的代表表示，農產品並不因休市而停止生長，若氣候適合生長，短期葉菜類或瓜果類的成長速度十分驚人，「連續休市」會影響到蔬菜的品質以及價格。

兩相對照之下，可以得知，這不是一朝一夕才有的「衝突」。

消費地市場（大臺北地區）的生活習性，已然來到週休二日，市場從業人員當然期盼縮短工時，渴望一年裡除了農曆春節，至少，還可連休三天。但是，代表農民方的農會及合作社場等，因為作物的生長不能等，最重要的是，缺乏完備的冷藏設施，便希望批發市場可以盡量不要放假，最好，讓農產品隨時都可以運去臺北拍賣。

因此，面對「產」和「銷」不同的需求，臺北市農、漁、畜批發市場的主管單位，臺北市市場處，循例，在每年年中均會召集，包括臺北農產、漁產、畜產等公司，以及蔬菜公會、青果公會、漁商公會、家畜肉類公會等公（協）會，還有四大農民團體（中華民國農會、農聯社、國聯社、青果社）等相關產銷單位開會，在會議中決議，明年度全臺北市市場的公休日期表。

導致二〇一八年所謂休市事件的「禍首」——「一〇七年度臺北市農漁畜批發市場公休市日期」——也是前一年（二〇一七年）由臺北市政府市場處，召集產銷相關單位，在會中決議而成。

只要查閱會議紀錄，就可以找出，「開會時間：一〇六年七月六日（星期四）上午十時零分。開會地點：臺北市市場處第一會議室」。

會議中，市場處詢問各產銷單位，對於明年度休市日預定表（草案），有什麼意見？

請問，農產公司，有什麼意見？

白紙黑字，記載著，北農（站在農民方立場）表示，「倘若批發市場連續休市三日，研判翌日產地到貨量恐激增且品質不佳，導致拍賣價格不佳，農民收入減少……，故建議，盡量不連休三日」。

那……漁產公司，有什麼意見？

同樣白紙黑字，記載著，漁產公司及漁商公會（站在消費地立場）表示，「原二月二十四日（星期六）、二月二十六日（星期一）為休市日，建議將二月二十五日增列為休市日」——如此便形成連休三天。

漁產公司及漁商公會還建議，「元宵節後休市兩日取消，延後改休市日為三月六、七日」——如此又碰到三月五日（星期一）為固定休市日，再次形成「連休三天」。

所以，該怎麼辦呢？是要如漁產公司及漁商公會建議，還是要如臺北農產運銷公司建議？

繼續，畜產公司，有什麼意見？

蔬菜公會呢？

青果公會呢？

中華民國農會呢？

農聯社？

農產承銷商協會？

……

會中，共十五個單位，各表聲量大或小的意見後，最後，誰決定？沒有投票，沒有舉手表決，由當天的會議主席——很可能，是遵循會前，上級的指示——於會中作出決議的結論。

主席是誰？

不是臺北市長，不是產發局長，甚至，不是產發局轄下的市場處處長，僅是市場處批發市場科的某科長。

一場例行性的會議，為什麼半年後，會被攪成社會風暴一般，並且抓一個與決策不相干的北農總經理來獻祭？

到底發生了什麼？

一個二二八的午後

二〇一七年如同往年一樣，由臺北市市場處，召集相關單位，開會決議的公休日，於年底，公告周知給全臺灣各產地，行文給中華民國農會（理事長蕭景田，總幹事張永成）等，以便提前安排出貨事宜。當然，公休日期表，也行文給臺北農產、漁產、畜產等公司據以遵循。

然後，沒有任何新聞的，「照表操課」來到二〇一八年，農曆春節休市五天後，開市兩天，緊接著二月二十四（農曆「天公生」）、二月二十五日（如漁產公司及漁商公會建議，多休一天）、二月二十六日（週一例休），連休三天後，開市交易首日，大臺北地區批發市場的蔬菜到貨量都暴增。

不止北農第一、第二果菜批發市場，蔬菜到貨量激增到約三千公噸，較休市前增加三十八％，其他批發市場，如板橋市場到貨量大增九十五％，桃園市場增加七十％，臺中市場也增加三十二％。

到貨量遠超出預期，造成當天供需失衡。雖然菜價的起伏，除了牽涉到貨量及品質，也和氣候、節日前或後、消費地買氣、拍賣人員、甚至媒體訊息等諸多因素，各種程度的影響有關。但總之，北農當天延長拍賣至近午，所賣出的價格，相較於休市三天前蔬菜平均價格為二十八點五元，下滑到二月二十七日平均價格二十一點五元；仍然比當天新北果菜批發市場及桃園果菜批發市場的平均菜價都高，也比北農去年二月中旬到下旬的平均菜價十九塊多還高。

二月二十八日《自由時報》對此有一篇報導，應是第一則休市的新聞。報導中提到，「有農友擔心近期天氣回穩，正值蔬菜快速生長期，北市府去年決議在『正月初九天公生』連續休市三天已造成菜價波動，現元宵節將近又要連續休市三日，到時菜價恐更低。」當時，連續休市，仍是「北市府去年決議」，北市府市場處長許玄謀回應表示，「昨批發均價仍有二十一元，請各界不要擔心」，農委會農糧署副署長蘇茂祥也指出，「年後蔬果價格下跌是每年常見現象，今年並非特例。」

但是二月二十八日同一天下午，有另一篇報導，來自網路媒體《上下游》（新聞市集）。報導中，雖然採訪到吳音寧，提到「臺北農產公司總經理吳音寧表示，去年七月六日，臺北市政府召集會議討論二〇一八年休市日程，她委由業務部經理開會，也有在會議中表達反對連續休市三天的立場，但是會議結論還是決定休市三天。」

不過，這篇報導，卻獨獨針對北農，下標為「（獨家）北農臺北果菜市場十二天內休市六天！蔬菜紅熟大塞車，爆量價跌農民心痛」。

把蔬果「爆量」的原因，排除掉氣候因素，不談春節前寒流來襲冷颼颼，蔬菜生長減緩，到貨量減少，春節後天氣回暖，「正值蔬菜快速生長期」（如《自由時報》同一天所報導），採收量大增，到貨量當然跟著增多，只把「爆量」的原因，歸咎於「休市」；好像，都是休市的錯？

並且，把「北市府去年決議」（如《自由時報》同一天報導），全臺北市批發市場，都據以遵循的休市日期表，選擇性的只「框住」北農，彷彿，

「十二天內休市六天」的，只有「北農臺北果菜市場」?!

暗藏挑撥的「獨家」一出，當天下午，就異常迅速的，從農業相關的LINE群組裡，轉傳又轉傳，擴散再擴散……，不到一天，不用一夕，才一個二二八放假的午後時光，「北農休市」，就淪為「爆量」、「價跌」、「農民心痛」的「禍首」了！

三月休市，捲起風雲

三月一日，農委會副主委陳吉仲親上第一線，主動邀集臺北市市場處和北農共同會商，研議因應措施。依媒體報導，陳吉仲副主委直言：對臺北市政府市場處所做的休市決議，無法接受。

臺北市長柯文哲立即回嗆：不然他下來指導啊！

臺北市政府市場處跟著發新聞稿，把「決議」變成「共識決」，把責任推卸給所有與會的產銷單位，更試圖「牽拖」農委會，表示日程送交農委會，農委會並未表示意見。

民進黨籍臺北市副市長兼北農董事長陳景峻，跟著「沆瀣一氣」，指責農委會把責任推給北市府是不對的，那這樣子農委會要幹嘛？

陳吉仲則回擊，各地批發市場的主管機關都是地方政府，營業日與休市日也都是由地方政府做最後決定，不能因為農委會主動出面協助解決問題，就把問題抛給農委會。

一來一往，「農委會未做調配？」「市場處政策失當？」等標題，透過媒體，隔空互嗆、互槓。休市的風波，在媒體上越演越烈。我密切留意，觀察到新聞「風向」，正在微妙的轉移。最明顯的是，由「事」到「人」；對「人事」的「興趣」凌駕對「農業」的關心。

簡單說，起先重點大都在檢討連休的決策方式、連休如何造成市場影響；蔬菜水果等農產品產銷體制，以及北農、市場處、農委會的「因應措施」，卻迅速轉移到「追究責任」。

誰？誰該負責？

照理說，若休市三天，成為必須被追究責任的對象，那該負起責任的，不外乎決議休市三天的臺北市政府市場處，看「責任」是落在會議主席某科長或市場處長許玄謀身上。

但中國國民黨籍臺北市議員汪志冰卻率先攻擊，在會議中反對連休三天的臺北農產，甚至，把箭歪射向總經理吳音寧。

這不是汪志冰第一次攻擊吳音寧。

早在二〇一七年八月（音寧上任約一個月），她就透過《周刊王》雜誌（旺中集團），指控「北農新女總，追殺韓國瑜人馬」——音寧不過是進行公司的幾個人事整頓，包括，調動一位黃姓員工，就被汪志冰攻擊。（爾後才知道，這位黃姓員工黃文財，是前任總經理韓國瑜貼身心腹，經常陪韓總打麻將、安排「行程」，目前擔任高雄市輪船股份有限公司董事長。他有船務「專業」嗎？）

根據《中國時報》報導，汪志冰是韓國瑜的「恩人」，二〇一七年韓國瑜出來競選中國國民黨的黨主席時，汪志冰便跳出來幫忙，因此韓國瑜很讚賞汪志冰……。

三月一日，汪志冰發出新聞稿，表示「臺北農產運銷公司總經理吳音寧聲稱北農去年在會議上即堅持休市三天不妥，但市議員汪志冰接獲市府人士爆料，北農代表從未反對休市，吳說謊又卸責。汪志冰痛批，吳音寧將休市日期的決定和責任，通通推給臺北市政府，開會期間甚至沒有出席」……。

北農代表從未反對休市三天？甚至沒有出席？這不是查閱會議紀錄便可知悉的基本事實嗎？難道臺北市政府的會議紀錄，白紙黑字是假的？

又是哪位「市府人士」爆的料呢？讓汪議員，膽敢罔顧事實的「痛批」？該不會汪志冰接獲的，所謂「市府人士爆料」，是和市府內的某人，配合唱雙簧的演戲？

而這齣國民黨議員和柯市府聯手的戲，日後看來，確實有效的，把休市的責任，嫁禍到北農身上。因為，媒體紛紛追著故意射歪的箭，爭先恐後的報導了。

《聯合報》在〈社論〉表示，「塞車、爆量、價格狂跌、農民叫苦連天」（三月四日）；《工商時報》下標題，「北農害菜跌」（三月五日）；《中國時報》更以頭版頭條，外加A５幾乎全版，搭配圖文不符，但視覺及用詞都更為聳動的版面，來營造「菜價崩跌」的印象。

縱使，連休三天開市後，北農第一、第二果菜批發市場如常營運，新北果菜市場、桃園果菜市場，全臺灣的果菜批發市場都如常營運，但是，來到（三月五日）《中國時報》的版面，卻成為「高麗菜無處去」了，「蔬菜長成卻無處銷售」、「無市可賣」、「求售無門」了，而農民，豈止「心痛」、「辛酸」，根本「心在淌血」……。

值得注意的是，三月五日這一天的《中國時報》，正式出現，「大家開始懷念韓國瑜」的標題（「風向」）！

讓北農前任總經理韓國瑜，藉由批評此次休市，是「前所未見」的「人禍」，來「回憶」他在任時，「北農運作正常，也保障了農民的權益」。同時批評現任「北農總經理吳音寧神隱」，說是「即便外界批評聲浪大……吳音寧則始終神隱，昨未接記者電話，僅以訊息回覆新聞發言事務，由北農發言人處理。」——昨天沒接電話，今天便在《中國時報》神隱了?!

藉由吹捧前任總經理來罵現任總經理，透過罵現任總經理來吹捧前任總經理，這只是三月初春的開端。

當時，傾中媒體的輪廓尚未清晰，也還沒引發討論。我看見ＴＶＢＳ直接在電視螢幕裡出現「吳音寧決定休市」（三月五日）；而韓國瑜的下標，「這是人禍啊！」同一天（三月五日），經由記者會，從國民黨立院黨團書記長李彥秀、副書記長曾銘宗等立委口中，「複製」說出。

儼然形成共識一般，或說，已把人禍的「共識」塑造完成。

緊接著，東森電視臺（三月六日），便有這樣的「新聞」，標題為「北農闖禍，汪志冰轟：繳稅讓你睡覺嗎？」——咦，讓「誰」睡覺？電視臺記者旁白，「追究這場人禍的源頭，議員把矛頭指向去年底吳音寧的人事案」，臺北市議員鍾小平也在電視螢幕裡說，吳音寧「把穀賤傷農了，把市場的供需都惡整了」，「連農會總幹事張永成也痛罵，這個亂象，數十年來前所未見，實在匪夷所思」……。

確實令人匪夷所思，既定的休市日程表，可以透過中國國民黨的某些人，再透過某些特定的媒體，被捏造炒作成這樣。

但開罵既已「成局」，幾乎所有媒體，不管網路媒體，電視臺媒體，紙本媒體等等，也都不落人後的追起這條「新聞」，在「人禍」的設定下，跑新聞，搶回應。

然後，休市議題就一發不可收拾了。越來越多人跳出來鬼扯，因為越扯越有收視率。

縱使背負著「罵名」的北農第一、第二果菜批發市場，市場從業人員、攤商、公協會、循例參與二〇一七年七月六日，由臺北市政府市場處召集開會的十五個產銷單位，包括大罵三月休市是「前所未見」（和韓國瑜的用詞一模一樣）的中華民國農會總幹事張永成等人，誰不知道，「臺北市農漁畜批發市場公休市日期」，從來不是北農、從來不是北農總經理所做的決定。

但當時，全臺灣好像突然都非常關心起臺北果菜批發市場的休市，因為媒體上，「吳音寧決定休市」，已經造成菜價——菜價失去理智一般——從二月二十八日的「波動」、「價跌」、「仍有二十一元」，「瞬間被打趴」，不止「農民怨聲載道」、「地區農會『罵翻天』」的「大跌」、「慘跌」、「暴跌」，其實，早就「崩盤」了（三月三日《自由時報》）。

若還有比「崩盤」更嚴重的字眼、更「崩」的詞彙，相信追求「效果」的媒體也會採用吧。

「崩」：以前「偉人」過世叫做「駕崩」、「崩殂」；查詢百科全書，「崩盤」二字解釋為「天崩地裂、無限下跌」——「天崩地裂」的菜價？「無限下跌」的菜價？那是什麼樣的菜價？

但各方引述，都「哀嚎」了起來；不只報紙、電視新聞、網路、社群媒體，尤其，特定的談話性節目，如東森電視臺的《關鍵時刻》等，都咒罵起北農，怎麼可以休市？甚至，豈只是休市而已，已經是「瘋狂休市」（引自《關鍵時刻》標題）！

「北農瘋狂休市蔬果都爛了」（三月七日）；所以誰，誰，不需要「出來」負責嗎？

神隱的背後

據了解，三月七日上午柯文哲市長於農會中發飆，當場罵農委會，「要開幹，那就來啊」。副市長陳景峻和市場處處長許玄謀，因而決定在下午召開記者會。會前，許玄謀打電話給吳音寧，通知將舉行記者會。

吳音寧問，什麼樣的記者會？不是要三方合開記者會嗎？許玄謀叫她問副市長陳景峻。

吳音寧打電話給陳景峻，陳景峻在電話中罵農委會。

然後吳音寧又打電話給許玄謀，告知她不會出席。

她再次打給陳景峻，陳景峻電話便沒接了。

她在辦公室放下電話後，不一會，就收到市府發出的「採訪通知」，上面赫然有著她的名字：

「召開『北市果菜批發市場八日開市因應措施』記者會

地點：市府大樓十一樓

與會者：北農吳音寧總經理、市場處許玄謀處長」

採訪通知才一發出，搶快、搶收視率的媒體，便紛紛預告了，彷彿奔相走告一般，吳音寧要「現身」了！

記者們背起相機、拿起筆電、扛起攝影機，紛紛趕往臺北市政府，觀眾也透過電視螢幕的「跑馬燈」，「看見」吳音寧要「現身」了！例如，TVBS預告「總經理遭疑神隱，下午親說明」等等。

但，鏡頭群聚，一字排開，對準市府會議廳的場景——人呢？

「不料，左等右等，人呢？」（三月七日《民視新聞》）

記者會上，僅陳景峻和許玄謀出場。陳景峻罵農委會，許玄謀辯稱休市是「共識決」。兩人再把三月八日開市的因應措施，複製北農三月一日發出的新聞稿〈關於批發市場休市三天之說明〉所列，再說一遍；只不過把北農的說明，變成臺北市政府發布的因應措施。
然後記者們問起，總經理吳音寧。其中，有位記者，如此問到：「她這樣臨時缺席應該嗎？」
「唉——」於是陳景峻對著鏡頭，嘆了一口氣，回應「所以我才會講嘛，如果要拿權力就是總經理制，那有責任變董事長制……」
許玄謀則說，「採訪通知有通知她，我們有通知她一定要來。」
那她有答應要來嗎？
陳景峻：「這不是答應不答應，理當本來就應該要來……」
許玄謀在記者會最後，再次強調：「我有請她要出席。」
「她有接電話嗎？」記者問。
許玄謀回：「有啊。」
記者：「她怎麼說？」
許玄謀：「我說要來啊。」
記者：「她怎麼回答？」

許玄謀笑笑，起身離去前說，「她說她再整體考量，再去作業」——呃？吳音寧明明已事先告知她不會出席。

不久後，記者會的內容陸續化為新聞標題，比如，「北市府記者會說明因應措施，北農總經理神隱缺席」（《上下游》）、「神隱多日又臨陣脫逃」（《民視新聞》）、「吳音寧神隱又臨陣脫逃，陳景峻火大」（《自由時報》）甚至，「再次消失」、「二次神隱」等，都出現了，連記者會的影像，也被冠以「神隱片」。

「媒體追問會不會覺得吳音寧陷北市府於不義？陳景峻點頭大嘆：『我有感覺到。』」（《聯合報》）

到底，誰陷誰於不義？誰在設局？我觀察到，陳景峻和許玄謀聯手演出的這場記者會，有三大用意：其一是製造北市府有在「因應」的形象；其二是「砲轟農委會推卸責任」；其三是吳音寧若出席，形成「一起譴責農委會」的局面，若未出席，則可斥責吳音寧遇事閃躲……。

經由這場記者會的推波助瀾，「神隱」關鍵字搜尋，在三月七日下午達到高峰。「神隱少女」的標籤，也往吳音寧身上貼去。

雖然音寧的朋友曾安慰，由宮崎駿導演的動漫電影裡，「神隱少女」可是非常正面的角色啊！

「神隱」這個詞，來自日語；據「維基百科」解釋，指被鬼怪誘拐、擄獲、或受到招待而行蹤不明。但是，吳音寧因為不接《中國時報》等記者的電話，從三月五日起，在媒體上開始「神隱」之後，她從來沒有離開過她北農的辦公室；何來「行蹤不明」？

三月五日之後，北農第一、第二果菜批發市場，並沒有因為媒體上一片罵聲而臨時更改去年底公告的休市日期，仍然連休三天——這是吳音寧的堅持——不過市場休市，行政系統仍要上班，總經理也如常忙碌：除了因為休市風波必須處理的緊急調度、掌握各產地進貨量、聯繫供銷單位、和農委會及市場處緊密聯繫等，其他待辦事項，也緩不得。

吳音寧全天候在北農辦公室，處理公司的事，卻只因為沒有配合，不想被強迫站到鎂光燈中，說兩句敷衍的政治話語，變成為「從事發至今一直神隱」（《民視新聞》）？

電視臺轉過來「神隱」。

轉過去「神隱」。

轉來轉去都是「吳音寧神隱」。

看得音寧的朋友們，都煩惱起來了！其中，有位農民，忍不住打電話給音寧，緊張的問到：妳是躲去哪裡了？還在臺灣嗎？讓在辦公室接到電話的音寧，哭笑不得，還得安慰一番。

但眼看媒體不滿的情緒，正在沸騰開來，導向要求吳音寧「辭職」、「下臺」，農委會副主委陳吉仲緊急救援一般，在三月七日晚間，由吳音寧陪同，到第一果菜批發市場視察，成為隔天「總座吳音寧現身反擊」（《自由時報》）、「吳音寧與農委會同框」（《聯合報》）等標題。

然後陳景峻也來視察了。

許玄謀也來了。

吳音寧整夜鎮守市場，隔天清晨，三月八日開市的結果出來，她率北農團隊和農委會（農糧署副署長代表）、臺北市政府（市場處處長代表），如預定，在北農會議室，召開記者會；三方（北農、臺北市政府及農委會）合開的記者會啊！

面對大陣仗的媒體，吳音寧報告開市的蔬果量價，再次強調，「休市三天絕對不是造成蔬果物價波動的唯一的原因」，菜價也相對平穩，「並沒有如外界所指責」，她認為，「我們（北農）已經完成一個我認為是辛苦的任務……」。

記者會上被問到為何「神隱」？為什麼沒去北市府的記者會？

她講著講著，一時語塞，突然轉為臺語：「真正可能我卡歹勢啦，因為我只是一直想，怎麼把事情處理乎好，沒去想，要怎麼對外，講、講、講……」。

當時她沒有講，「隱忍」住沒說的，除了她事先已告知許玄謀，她不會出席記者會，名字卻仍被列在北市府的採訪通知上，就我所知，作為農委會和臺北市政府，兩大「股權老闆」任命的總經理，她在所謂的休市風波「事發之後」，其實一直在聯繫、說服，希望北市府（柯文哲）能和農委會（民進黨）一起，盡快三方合開記者會，因為她打心底認為，休市是被炒作出來的假議題！

但，局勢，顯然非她所能拉住……。

貼標籤

三月八日，量價平穩的開市後，音寧以為，近乎「無理取鬧」的休市風波，該從媒體上落幕了吧?!但沒想到，媒體關注的焦點，卻轉向她個人；她被迫「神隱」後，竟然非自願的「紅了」！

「一夕爆紅」之類的標題出現，例如，「三月一日以前，沒有人知道吳音寧是誰？現在，這個名字已成為網路熱門關鍵字，她就是讓北市府、農委會隔空互嗆的女主角：臺北農產運銷公司（簡稱北農）新任總經理吳音寧。」（三月八日《遠見雜誌》）

媒體議論起吳音寧，罵的繼續罵，如《中國時報》（三月九日）下標說，「神隱少女吳音寧吃定北市」，也有陸續替吳音寧抱不平的文章，主動發出——至今，每每重讀，都令我無比感恩——而對「人」（不再對事），最有用的攻擊方式，是什麼呢？我想是「貼標籤」吧！

貼標籤，又名「扣帽子」。根據維基百科的解釋，也稱「咒罵法、鬥臭法、井裡下毒（英語：Poisoning the Well），是一種非常常見的政治宣傳與修辭手法，是一種典型的人身攻擊」。

人類歷史上太多貼標籤、人身攻擊的例子了！

像是一九七〇年代，臺灣社會民主運動蓬勃興起，中國國民黨「發明」了「偏激分子」、「暴力分子」、「臺獨分子」的標籤，貼在「黨外」人士身上，透過媒體、集會及各鄉鎮「服務站」（實則是中國國民黨地方黨部）旗下的「婦女會」，組成「耳語部隊」，不斷散播，全面否定民主價值的追求，至今「餘威猶存」，仍深深影響著現在中壯輩族群的「主觀意識」。

或者，像現今中國共產黨控制的媒體，把香港反送中的示威人士，扣上「暴徒」、「害群之馬」、「極端激進分子」、「恐怖主義」或「不懂事的，被煽動的，對社會現實不滿的『廢青』」等「帽子」，不外乎，都是昧於事

從三月七日晚上一直到三月八日早上，吳音寧鎮守北農批發市場。

實，以遂其政治操作目的的「標籤化」。

企圖使接收到「標籤」的人，在還不了解、還沒思考——可能也不想了解或思考的狀況下，就率先對某人或某群人，產生負面的認知、不良的刻板印象。

先入為主的第一「印象」，再透過反覆傳播，對接收者的「說服力」，往往勝過千篇百篇理性論述、數據分析的文章，很難扭轉與改變。

在北農事件中，當然，少不了「貼標籤」的戲碼。光是往吳音寧身上貼的標籤，就列舉不完！譬如，「神隱少女」、「那個開旅社的女人」、「靠爸族」、「父酬者聯盟」中的一員、「誤闖叢林的小白兔」（柯文哲語）、「韓流推手」、「頭號戰犯」等等等，就不提網路上那些更誇張的罵法了。

眾多標籤中，我認為，就政治鬥爭而言，最狠、操作最「成功」、殺傷力最大的應屬「兩百五十萬實習生」這一句。

標籤如何製作

兩百五十萬，是吳音寧擔任北農總經理時的年薪嗎？並不是！北農這間公司，新任總經理的本薪（月薪）就是延續前任，吳音寧剛就任時，本薪跟韓國瑜卸任時一樣，是十四萬多，依公司制度，每月並有主管加給；誰當總經理都一樣。

唯一不同之處，來自於浮動的獎金。

從二〇一六年底，韓國瑜「濫發獎金」的新聞，就屢屢見諸媒體。北農公司約六百個員工，全憑韓國瑜個人好惡，決定獎金發放的多寡；基層領最少，他發給自己最多。不僅端午節有慰勞金、中秋節有慰勞金、再加上其他獎金，四年任期內，光是獎金，韓國瑜就領取超過五百萬以上。而且，北農在他擔任總經理期間，未經董事會同意，就逕自發放上千萬獎金，也成為臺北地檢署偵辦中的案子。

因此，吳音寧上任後，著手完成的第一件事（在九月），便是把公司的獎金發放給制度化！此後，全公司（包括總經理）都得遵循董事會通過的獎金發放辦法來執行。依新制，二〇一七年底，吳音寧領取的獎金是三十八萬多；何來，年薪兩百五十萬的數字？

故意說成兩百五十萬，不外乎是因為和「二百五」同音，藉此譏諷其「傻」、「笨」、「什麼都不懂」。至於，「實習生」這個詞，則來自「看不懂財務報表」的印象積累。

這兩個詞，從二〇一八年三月九日——是的，明確的從這一天開始，像是休市風波始於二月二十八日——之後，陸續「加油添醋」拼成，「年薪二百五十萬高薪實習生」、「月薪二十一萬」、「高級實習生」、甚至，「史上最貴實習生」等，緊黏在吳音寧身上。

直到二〇一九年，我還在網路上看見，有所謂「無黨無派公正人士」，出

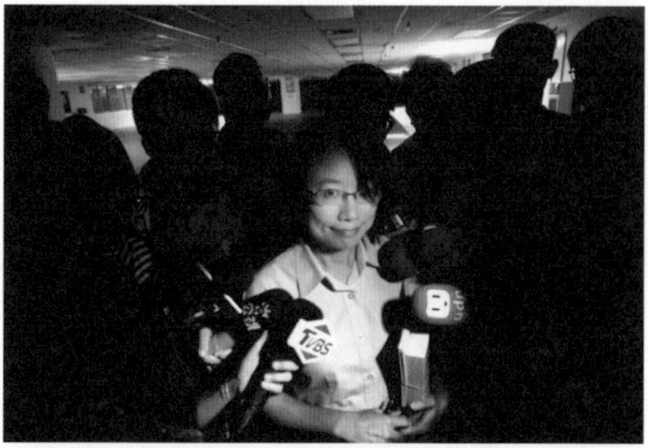

張家銘／攝影

張家銘／攝影

了一份「檢驗民進黨」的問卷調查，題目是什麼呢？

「請問，北農總經理高級實習生不會看財務報表，年薪卻高達兩百五十萬，你有什麼看法？

A，民進黨挑選了這位很好的總經理

B，民進黨挑選了這位很不適任的總經理

C，不知道」

請回答——

就像中國國民黨籍的議員陳重文，在吳音寧第一次被叫到臺北市議會備詢時，逼問的，「請回答」——

但……。

若是遲疑，議員會咆哮：「你不要浪費我的時間」。

「是或不是？」

A或B？難道你敢選C？

「議員，在回答你的問題前，我可以先講幾句話嗎？」若像吳音寧在臺北市議會的備詢臺上（二〇一八年四月二十日）所提，陳重文當然不會讓她說，反而是大叫：「你不要論述啦！」

但，把事情搞清楚，不是必須的嗎？

•

關於「兩百五十萬實習生」這句標籤的「製成」，回溯起來，「素材」來自兩場臺北市議會的質詢。

一場發生在二〇一七年十月六日，約十八分鐘。一場來自二〇一七年十一月十三日，將近五十分鐘的總質詢裡的幾分鐘。兩場的質詢者，都是當時民國黨的臺北市議員徐世勳。

徐世勳，如今幾乎是眾所周知的友柯人士。他在二〇一八年競選議員連任失利後，由柯文哲給予臺北市政府客委會主委的官位——所以，「市長，這到底算不算是酬庸？」如徐世勳當時質詢時所說。

他當時「點名」吳音寧，到臺北市議會，站在柯文哲身邊，留下音寧被他說成「看不懂財務報表」的影音記錄。但在那場質詢中，兩人的一問一答，到底是怎樣？

我必須奮力的回顧，才能稍稍還原當時的事實。以下，節錄自《臺北市議會公報》的速記錄，還請稍微耐著性子閱讀：

徐：請吳總經理上臺備詢。吳總經理上任多久的時間？

吳：三個月。

徐：臺北農產運銷股份有限公司在經營上與一般公司有何不同？

吳：臺北農產運銷股份有限公司是自負盈虧的公司，且還肩負一定的公共性。

……

徐：明年行政院要加薪三％，吳總經理卻提出加薪五％的意見，不知道吳總經理提出這樣意見的目的與緣由為何？

吳：就公司的狀況而言，我認為臺北農產運銷股份有限公司員工四百八十元薪點，比起臺北市農會員工的薪點五百五十元至六百六十元是比較偏低，臺北農產運銷股份有限公司基層員工有將近八成的人士在現場勞動，除了颱風天無法放假外，這些員工都是上晚班。

徐：所以吳總經理認為臺北農產運銷股份有限公司的員工很辛苦？

吳：對，許多基層員工每月薪資不到二萬九，因此提高勞動條件是必要且重要的事情。

徐：吳總經理是以農會員工薪資來做比較，對吧？

吳：是。

徐：一般民眾認為……臺北農產運銷股份有限公司員工的薪資比一般上班族還高，這部分吳總經理知道嗎？

吳：其實（基層）員工月薪不到二萬九，這不是一個好的勞動條件，且我認為全臺灣勞工的月薪都應該高於二萬九。

徐：本席不反對加薪，且加薪也是好事……

徐：但本席還是要請教吳總經理，是看過公司財報之後，才決定要加薪五%嗎？

吳：公司的財務狀況是可以替員工加薪五%。

徐：加薪五%後每年要增加多少薪資支出？

吳：人事費用約增加一千九百二十萬元。

徐：是一年還是一個月增加一千九百二十萬元？

吳：一年。

徐：因為吳總經理才上任三個月的時間，因此本席想要知道吳總經理對於臺北農產運銷股份有限公司的財務狀況的理解程度，臺北農產運銷股份有限公司在二〇一七年一月至七月的獲利約有九千多萬元，對吧？

吳：對。

徐：二〇一六年臺北農產運銷股份有限公司全年獲利也不過五千多萬元，為什麼二〇一七年一月至七月有這麼高的獲利？差異點又在哪裡？

吳：最主要是穩定的經營，臺北農產運銷股份有限公司的批市系統與營業系統都有穩定的成長，在節流方面也有……

徐：在哪些方面進行節流？
吳：今年停發三節獎金。
徐：這樣可以節省多少錢？
吳：停發端午節與中秋節獎金大約省下七千多萬元。
徐：所以過去這些錢都是用在發獎金？
吳：是。
徐：如果依照過去慣例發放三節獎金，二〇一七年一月至七月的獲利剩下兩千萬元，對吧？節流措施除了停發三節獎金外，還有其他節流措施嗎？沒有其他節流措施，七千多萬元已經是一筆很大數目了。
吳：對。
徐：吳總經理，財務報表您看不看得懂？
吳：我有認真在學習。
徐：請產業發展局林局長上臺備詢。請教局長，一位專業經理人應該具備怎麼樣的專業能力？如臺北農產運銷股份有限公司的專業經理人應該具備怎麼樣的專業、能力特質與背景？

林局長崇傑：其實每個單位專業經理人在不同時間點，都有其特定的需要，臺北農產運銷股份有限公司要面臨第一果菜市場改建，除了要處理原來果菜的繁雜工作之外，還要處理改建的議題，當然目前還有食安議題與颱風過後菜價飆漲等問題，這些都屬於不同的專業領域。

徐：局長認為臺北農產運銷股份有限公司的總經理應該具備怎樣的專業條件？本席剛剛問了吳總經理之後，認為吳總經理可能還不熟悉財報——（咦？從上述對話中，哪裡顯示出，「吳總經理可能還不熟悉財報？」）——而一家公司的總經理看不懂財報——（竟然，又從「不熟悉財報」變成「看不懂財報」）——局長認為吳總經理符合專業經理人的條件嗎？

林：我認為更關鍵在於敏銳、能學習、開放、包容與掌握事情的狀態去因應處理，這是第一優先，許多單獨的專業可以在工作上透過學習了解。

徐：局長對產業應該有相當的了解，一般產業會請一個不了解財務報表的人——（「不了解財務報表」的標籤，已經無中生有的形成）——來擔任總經理嗎？

林：需要快速學習、適應與了解。（局長也一直強調「學習」）

徐：本席並非對吳總經理有特別意見，但臺北農產運銷股份有限公司具有半官方色彩的單位，因此議員基於監督職責，就要看這位公司經理人能不能做好。吳總經理認為柯市長找你擔任總經理的原因為何？

吳：我來自產地，對農業有很大的熱情，然後我也有學習的心，我也有自信可以在這個工作上把事情做好。

徐：本席在擔任民意代表之前，也在產業擔任總經理的工作，因此請教吳總經理，一位專業經理人應具備怎樣的條件，有哪些條件是你所缺乏，且應該特別去學習的？

吳：所有狀況持續發生，包含第一果菜市場的改建，每天產地有不同的變化，所以學習是不會終止。其實不管是誰擔任總經理或是任何職位，學習永遠不會停止。

徐：總經理是要管理整家公司，臺北農產運銷股份有限公司官股占了四十五%，怎麼可能讓你一直學習？本席不是質疑吳總經理，但是……（以下省略一大段，徐議員對於「總經理」這個職務的意見與看法）。

然後一個多月後，友柯的徐世勳議員，針對柯市長「空汙停課標準、青少年吸毒、電擊槍等總質詢」，在十一月十三日將近五十分鐘的質詢中，有幾分鐘，請了農產、漁產、畜產、花卉公司的總經理上臺。

徐世勳問四位總經理，「你們去年，跟前年，一〇四到一〇五，你們的營收，成長超過二十%的舉手？」

「你們都清楚嗎？」

「成長超過十%的舉手？

來花卉——

漁產——
畜產——
農產——」
音寧答不出來，她不清楚的事，沒辦法瞎掰。
徐世勳繼續問到，「那你們告訴我，成長的原因是什麼？」
輪到吳音寧，她對著麥克風說：「今年的到貨量其實是比去年的成長，但是今年整體交易的價格，因為沒有颱風，所以是相對穩定的……」
徐世勳打斷她：「總經理，我是問前年到去年喔。」
吳音寧：「前年到去年？」
徐世勳：「一〇四到一〇五年。」
吳音寧遲疑的說：「一〇四到一〇五年，我……」（她是一〇六年六月底才就任）。
徐世勳馬上接話：「你還沒有就任，所以不知道。」
吳音寧：「對。」

徐世勳：「好，來，請回……」

接著，徐世勳說：「如果是我臺北市政府找來——（「如果是我臺北市政府」？可是，徐議員，當時還不是柯市長的市府官員呢。）——你們要知道，最少一個總經理的年薪都超過，都超過一百四十萬以上，到兩百五十萬，年薪包含你們的獎金，我索資完的結果……」

所以呢？

「我要表達的是，」徐世勳說，「市長，這到底算不算是酬庸？」柯文哲支支吾吾說不是啦……。

徐世勳又發表了一段，他對「總經理」這個職務的意見與看法後，請四大公司總經理回座，接下來，「麻煩請客委會主委（上臺備詢）」……。

•

那便是標籤素材的來源！當時質詢的主因，是因為音寧，完成獎金發放制度化的同時，提出公司制度化的加薪方案，卻遭董事長陳景峻退回，徐世勳議員於是對此提出質詢。

整個質詢的過程，議員問到「公司獲利」、「如何節流」、「獎金多少」等數據，吳音寧哪一項不是應答得很清楚？何況她每個月固定要召開、主持一、二次「主管會報」，她若不懂財報，如何聽取報告、做出決策？如何掌控公司營運狀況？

她答詢時說：「所有狀況持續在發生，包含第一果菜市場的改建，每天產地有不同的變化，所以學習是不會終止。不管是誰擔任總經理或是任何職位，學習永遠不會停止。」

對照後來「發生」的第一果菜市場改建事件，回頭檢視起來，這是她向來抱持的為人處世的基本態度！如此作答，是很自然的回應，而不是簡易的宣稱，懂或不懂，是或不是。

但她顯然太過輕忽，或者，該這麼說，她滿腦子想的，都是如何務實的推動政策，對其他，不太費心。

因此，備詢後，「默默的」沒什麼新聞，她也幾乎從沒替自己宣傳過什麼

「政績」，來到二〇一八年三月，歷經休市風波後，三月八日開市，三月九日，徐世勳製作的影片，就Po上網了！

•

片子裡，一開頭：

徐：財務報表您看不看得懂？

吳：我有認真在學習。

此時，字幕打出：

「你公司有這種人嗎？

年薪二百五十萬的

不專業總經理

領高薪來『學習』」

（重播一遍）

徐：財務報表您看不看得懂？

吳：我有認真在學習。

（跳接到徐世勳問吳音寧，「柯市長找你擔任總經理的原因為何？」）

吳：我來自產地，對農業有很大的熱情，然後我也有學習的心（字幕上打出「又學習」），我也有自信可以在這個工作上把事情做好。

然後，同樣身穿白襯衫、深色西裝外套的徐世勳，彷若在同一場質詢，實則從另一場質詢中，調出幾句話：

徐世勳問四位總經理，「你們去年，跟前年，一〇四到一〇五，你們的營收，成長超過二十%的舉手？」

「你們都清楚嗎？」

「成長超過十%的舉手？

來花卉——

漁產——

畜產——

農產——」

音寧答不出來，她不清楚的事，沒辦法瞎掰。

「不知道？」畫面中徐世勳說完後，字幕出現，「議員表示：無言」。不——

議員當時是說：「你還沒有就任，所以不知道。」

吳音寧回答：「對。」

議員說：「好，來，請回……」

但事隔五個月後，片子呈現的，完全不是當時那回事了。不僅去頭去尾、去掉事實脈絡，只抓出兩場加起來超過一小時的質詢中，吳音寧一句謙遜的話語——抓到了抓到了，就是這一句，「我有認真在學習」——便透過「跳接」、「複製」、「配樂」、「上圖卡及字幕」的方式，佐以徐世勳故意扭曲的說詞，不出幾個步驟，就像化學合成假食物一般，標籤的雛形，已經製作完成。

我還在學習；我會認真學習；我要多向你學習……等等，這不是我們社會，很普遍的謙遜話語嗎？

學習，怎麼幻化成「實習」？

學習，是一種生活態度。吳音寧詩集《危崖有花》，有一首詩作〈上學〉，當時她已「學習」到「產銷是複雜的政治經濟學」：

大學畢業後／我重新學習早起／趕在城市忙碌甦醒前／穿戴久違的求知慾／和阿媽上田去

不用起立、稍息、端坐整齊／田水的灌排牽涉到江湖／產銷是複雜的政治經濟學／地理課本展示的地圖／時刻都有變化／田尾又冒出一株幼苗／值得標記

大學畢業後／我進入大地附設的幼稚園／學習，從腳開始

從標籤到標靶

徐世勳透過臉書，發表「特製」的影片後，針對徐議員的「爆料」，媒體會如何因應？

是稍微查證一下？抑或，見獵心喜？

沒錯，此「爆」一出，「看無財報？吳音寧挨轟『最高實習生』」（三月十日《三立新聞》），「北農年薪二百五十萬，吳音寧遭爆『連財報都看無』」（三月十一日《中天新聞》）等電視臺陸續出現這類標題。平面媒體也沒放過；以《自由時報》為例，「即時新聞／綜合報導」寫到「北農休市風波，引起各界關注，北農總經理吳音寧是否適任的問題備受討論，臺北市議員徐世勳在臉書Po出去年質詢吳音寧的影片，過程中詢問吳音寧是否看得懂報表，如何領導北農？吳則不斷跳針回答：『我有認真在學習』。影片曝光後，在網路上『瘋傳』，更引起網友熱烈討論。」

吳音寧何曾「不斷跳針」了？

那是重複播出，剪接手法製造出來的「特效」呀！

但這支「特效」影片，扣合著反年改人士，在音寧上任之前，便已操作、捏塑的「民進黨酬庸說」、「靠爸說」；搭配雲林張派（韓國瑜隸屬的雲林張派），假借「農民」之名，找各種理由，反對「女孩子」擔任果菜批發市場總經理的「不適任說」；加上「神隱少女」等「標籤」積累；當然，和臺北市政府、和市長柯文哲絕對有關，也和吳音寧本人，給人的印象脫不了關係——「聽她說話的第一印象就是輕、慢又帶點不確定性，讓人想到一條不知道有多深的河。」（引自畢慕瑜〈看媒體如何把吳音寧幼體化〉一文）——種種因素，綜合起來，再透過談話性節目，如《關鍵時刻》的朱學恆之流，不斷的譏諷、訕笑、胡扯、加油添醋、誇大其辭、譁眾取寵……同時，藉由攀附吳音寧的話題，至少賺取九個月以上的通告費，試圖把吳音寧從出生至當時四十多年的人生，以及她擔任總經理做出的實事，「一筆」（一句話）勾消抹滅……。

把「學習」等同於「實習」，更惡意的等同於「看不懂財務報表」，再等同於「什麼都不懂」，回到一開始，喔，不，在她還沒上任之前，就已經被設定好的，「不適任」的命題——不管她怎麼做，她都必須被說成做得不好——進而，佐以「相對剝奪感」的「論述」，如「年薪兩百五十萬的農業超級實習生，對大學生二十二K普遍低薪行情的時下年輕人，相對剝奪感恐很難吞下去」（三月十五日《聯合報》），不讓臺灣的年輕低薪族群，有機會去思考，是何政策，導致貧富差距拉大、導致年輕人的低薪問題，盡只是塑造出一個標靶——一個吳音寧形狀的標靶——來挑動群眾的怨妒與不滿。

而「標籤」至此，已成「標靶」。

去或不去？

必須要有靶，才能射箭、才能開槍；必須要有對象，才好拳打腳踢。

至於是誰，亟需「標靶人物」，來讓攻擊曝光？

沒錯，要選舉的人。

二〇一八年三月二十九日，一群要競選臺北市議員的國民黨參選人，便直闖北農總經理辦公室，演起「衝突」來了。一個個對著鏡頭，直播，要求吳音寧下臺。

理由呢？「不適任」。

哪些具體的作為不適任？有的說是因為薪水太高、有的說是因為休市、有的說是因為「神隱」。

「平時神隱，也要在關鍵時刻出現。」在中國國民黨的年輕「新秀」中，有位名叫洪孟楷（是二〇一九年韓國瑜競選總統辦公室的「議題小組」成員之一），於三月底發表了一篇〈吳音寧該跟金正恩學習的三件事〉，把吳音寧跟北韓的金正恩類比，說金正恩平時「很難一窺究竟」，但「一遇到重大變動或局勢變化，安排好的威風八面照片就會流出」……，他要吳音寧多跟金正恩學習。

這樣的「評論」，的確是，「匪夷所思」呀！

但對照韓國瑜，胡謅的能力，他也算後生晚輩了吧。

三月底參與攻擊演出的，還有哪幾位參選人呢？有徐巧芯、鍾沛君、游淑慧、以及二〇一九年成為韓國瑜競選辦公室成員的葉元之、黃子哲等等，幾個急於靠著作秀，冒出頭的國民黨小政客們。

我在電視上，看到這一群「有前途」的年輕政客，聚集在北農總經理辦公室前，衝撞、叫囂、賣力演出的畫面，為臺灣政治深深感慨，長長嘆息！

「攻擊手」們，各有目的，各懷各的鬼胎，隨著韓國瑜以「賣菜郎」的形象（四月八日）宣布競選高雄市長——站在韓國瑜身邊的是，張永成的老婆張麗善、反年改人士李來希等人——來到隔天（四月九日）臺北市議會要開議；臺北市議會裡，挺韓的市議員們，也正等著呢。

在市議會的「舞臺」上方，會有各家媒體的照相機、攝影機、錄音機，環伺著，搜尋著；是否，能獲得鏡頭的青睞呢？

縱使只是小小版面的報導，也好過無聲無息沒有報導。確實，在議會的質詢中，有些議員言之有物，真正指出行政部門的缺失、錯誤等，但鏡頭要的往往不是這些。

鏡頭聚焦在吳音寧這個「人型」上；可以想見、可以推測，若沒有議會，要求她必須站到鎂光燈下，很有可能，她會像休市風波前半年一樣，只求低調的實事進展……，但臺北市議會友柯友韓的議員，能放過她嗎？

眾人揣測吳音寧會去市議會嗎？因為，那注定是一個被「砲轟」的所在；去或不去？

去或不去的猶豫，就我所知，在她上任幾個月，就存在了。吳音寧在二〇一七年十月到十一月，屢屢被叫到議會時，她就覺得奇怪。譬如，臺北市議會審查市府產發局、市場處的預算，為什麼也要叫她到場呢？明明臺北農產運銷公司是一間自負盈虧的公司，和北市府的預算編列沒什麼關係，但是（內鬥頻繁的臺北市政府），卻把她當「擋箭牌」一般推出去……。

更令她動搖的是，她當時已經知道，根據北市府的《臺北市政府投資事業管理監督自治條例》明文規定：

「市府資本額超過百分之五十以上之投資事業，其總經理應列席市議會備詢；董事長經市議會之邀請亦應列席備詢。」

但北市府占北農的股權僅二二．七六％，「市政府資本額未超過百分之五十之投資事業，其總經理或董事長如係本府股權代表，經市議會邀請應列席報告，如兩者均非市府股權代表，由市政府指定之股權代表一人列席報告。」

也就是說，以北農的董事會結構，「北市府的股權代表」，「經市議會邀請應列席報告」的是臺北市副市長兼北農董事長陳景峻。

依法，必須去議會列席的不是吳音寧。

檢視北農的過往，除了韓國瑜任期最後，到市議會去和議員對嗆的特例之外，北農這間公司，依法必須去議會的是董事長。

依法是這樣啦……。

但局勢顯然來到，陳景峻缺乏收視率，而吳音寧一出場，媒體便瞄準，此起彼落的按下快門；所以呢，豈能放過吳音寧？務必叫她到議會的舞臺區候著，不然，攻擊的砲火只能全部射向柯文哲了！

如今，回想起來，四月的那時候，吳音寧在去與不去議會之間做出了決定——那決定，我認為，最主要的原因，是當時她對柯市長仍有期待吧！才會一步一步，讓自己走入被安排好的臺北市議會舞臺的「靶心」位置。

回到第一次備詢

吳音寧第一次到臺北市議會備詢，是二〇一七年十月五日。搶第一個，「點名」她去備詢的是中國國民黨臺北市議員陳重文。其實，早在音寧上任之前，陳重文便「鎖定」她了。

在旺中集團的《時報周刊》（二〇一七年六月二十三日至二十九日）裡，可以讀到，「陳重文痛罵，綠營根本就是用一個肥缺來獎勵吳晟（支持年金改革）的功勞。而陳重文口中所指的『肥缺』，正是北農總經理寶座。」

如果，北農總經理「寶座」是「肥缺」，那麼，陳重文和之前在這「肥缺」上的人（韓國瑜），關係為何？

陳重文可是「挺韓好幫手」呢（如《中國時報》報導），他自稱，他的作為、他的「政績」，就是「在北市修理吳音寧幫韓討公道」（二〇一九年六月二日《中國時報》）。

他以其一貫拉雜、浮誇、簡直難以入目的質詢水準，咆哮著：「為什麼韓國瑜發獎金要被罵？」

「那你為什麼要取消人家的獎金制度？為什麼要取消北農所有員工的獎金制度？為什麼？」（但……議員，不正是因為北農之前獎金發放沒有制度，所以吳音寧才將之制度化嗎？）

吳音寧只好回答：「因為我們現在制訂了一個獎金的發放辦法。」

陳重文：「時間暫停。」

吳音寧：「我們會根據……」

陳重文：「我沒問你不要回答啦。」

透過市議會公報，回顧起來，吳音寧第一次備詢時，回答的，獎金制度化、提案全體員工加薪、裁撤整併國貿部，不再從中國進口蔬果（不再像韓國瑜多次從中國進口蔬果）、乃至中秋餐會等，其後都證明，她一開始所提的公司治理方案，雖然屢遭雲林張派及董事長陳景峻反對及退回，都付諸實踐了；唯獨，對於鏡頭前的「應對」，她不再像第一次備詢時一樣，始終面帶微笑。

議會開演

二〇一八年四月十日，柯市長到市議會進行施政報告。報告之前，國民黨的議員們群起，圍住座位上的柯文哲，演出一小齣，舉牌抗議喊口號，要求吳音寧下臺的戲碼。

（舞臺上方的鏡頭，拍到沒？拍好了沒？）

然後，陸續回座。

主席（議長吳碧珠）致詞：柯市長、各位副市長、祕書長、市政府各位官員、副議長、議會各位同仁、記者席的女士先生以及旁聽席的市民，大家午安。今天的會議是聽取市長施政報告，現在是不是請市長做施政報告？

（施政報告全部省略；舞臺上方的鏡頭也沒有興趣。）

接下來，「因為有許多議員要發言，先設定每位議員發言三分鐘。請議事組登錄以下的發言順序……」主席請議員依序發表演出。

在此節錄跟音寧有關的部分。

首先，出場的是頭號「挺韓好幫手」汪志冰；從三月一日發出新聞稿就主攻吳音寧的汪志冰。

汪：針對北農事件，到現在為止，我沒有聽到一聲道歉！也沒有看到任何一個人下臺！搞什麼東西啊……為什麼不下臺？

顯然，吳音寧沒有迎合她的「輿論」而道歉，更沒有下臺，令她很不滿。她罵了三分鐘後，主席說：「時間到。」

鏡頭轉往下一位，「挺韓好幫手」二號，陳重文。

陳：我今天最關心的就是吳音寧總經理……市長，這一次北農的春節休市……全部臺灣省的農民都哀哀叫，臺北市市民買不到菜，提供給我的資料竟然是沒有農損，而且吳音寧總經理到現在還是神隱。農民栽種的高麗菜已經開花，然後在她發了洋蔥文之後，彰化洋蔥農都開放給民眾免費撿拾……如此嚴重地危害農民收益以及臺北市市民買菜的權利……市長覺得她應不應該下臺？市長，你把韓國瑜的辭職書放在抽屜，我手上也有一封吳音寧的辭職書，這份辭職書你會不會批准？要不要她下臺？

呃，臺北市民買不到菜了？高麗菜開花了？因為吳音寧在臉書發表一篇推廣屏東洋蔥的短文，彰化洋蔥都賣不出去了？陳重文竟然還謊稱他手上有一封（根本無中生有的）吳音寧的辭職書？

對此，抱歉，我只能以胡言亂語、不知所云，來「注解」。

然後其他議員，質詢其他事項。

換「挺韓好幫手」三號，王鴻薇上場——

王鴻薇，最初以新黨身分，當選臺北市議員，其後轉為中國國民黨，低薪聘用助理，是韓國瑜二〇一九年選戰策略小組的成員。

她請吳音寧上臺，站在柯文哲身邊。

王：總經理，你的事件風波鬧得那麼大，也造成從中央到地方這麼大的困擾，在這過程中，你有沒有覺得很羞愧？請回答。

吳：臺北農產運銷公司做為產銷平臺……

王：我問你，有沒有覺得羞愧過？你不要照稿子念，有還是沒有？你覺得你適任嗎？

吳：過去這段時間，我作為臺北農產運銷的總經理……

王：你不要照稿子念，不要浪費我的時間，你認為經過這些事件，你還適任北農總經理的職位嗎？

吳：我適不適任並不是我個人方便回答的事。

王：所以你不敢說你適任，對不對？

吳：我就是盡力把我的工作做好。
王：去年北農的獲利是多少？
吳：一〇六年稅後盈餘五千五百多萬元，相對於一〇五年是增加七%……
王：所以你確實更會賺錢，是不是？
吳：其實從二〇一〇年至今……
王：你只要告訴我是或不是，增加七%，所以你更會賺錢嗎？
吳：是二〇一〇年至今，其實北農的稅後盈餘都呈現成長的趨勢，所以一〇六年底……

王鴻薇問著問著，又繞回韓國瑜濫發獎金的事，「所以你擔任總經理，請問有發放端午及中秋獎金嗎？」

吳：一〇六年九月的時候，我們依據董事會召開的決議，已經擬定獎金發放辦法……

王：你不要再背稿子，有或沒有？

王：有或沒有？

王：你不要囉哩八唆一大堆……

王：你在播放錄音帶，是不是？

……

好吧，下一位「挺韓好幫手」，請戴錫欽議員上場。

戴錫欽，和王鴻薇一樣，都是韓國瑜二〇一九年競選團隊的策略小組成員。

戴：吳總經理，既然請你上臺，我就請你說句話，我只問你一個簡單的問題，你覺得在那段時間，你的表現適不適任？

吳：在那段期間，我與北農團隊，其實非常認真……。

戴：你只要告訴我，我沒有否定你們的努力，我只問你覺得你適不適任？

吳：對整個蔬菜量價來看，我們……

戴：你不用跟我做口頭簡報，我只問你內心的感受，你覺得你適不適任？

吳：我適不適任其實並不是我個人可以言說的事情。

戴：你自己沒有一點感覺？我問你，你覺得是否愧對農民？

吳：我一心覺得我們應該認真替廣大的農民來服務。

戴：時間暫停。

然後，又輪到頭號「挺韓好幫手」汪志冰了。

汪：我們這位吳姑娘提出這樣的報告，你們可不可以接受嘛！報告上面沒有任何自我檢討的文字，這樣的報告你們可以接受嗎？吳總經理，請你回答，根本原因都還找不到？吳總經理，我在問你問題啊！

吳：報告議員，那時候我們有做出休市三天的檢討報告，也有把這份報告提交給董事會。

汪：針對你自己的疏失，你有沒有提出來？有沒有隻字片語？你只要回答我有沒有就好了！我可以告訴你，你今天用這樣的態度，用這樣的表達方式，你以後日子有得過了。

令汪志冰氣到對吳音寧喊「你以後日子有得過」的「態度」是怎樣？仍然客客氣氣，只不過沒有笑容了，表情嚴肅，態度淡定，也許，不小心流露出不以為然的神情，被察覺？她在心底滴咕：夠了沒？到底要虛耗空轉到什麼時候啊？

從二月二十八日，已經演到四月了；從「天公生」到「元宵」都「春分」了，如同她當時寄送《農產運銷報導》給產地農民時，給農民的信裡提到的，「若是換作農民的時間，水菜種下去差不多可以收成了。」

但友柯友韓的臺北市議員們，還沒演完呢。

最後輪到徐世勳議員上場！他請陳景峻、許玄謀和吳音寧上臺。議會舞臺上方的鏡頭於是喀擦喀擦的照到，三個男人挨擠著站在一起，而吳音寧隔著一段距離，獨自一個人，直挺挺，目視著前方。

或者，該用「怒視」來形容。

三個男人——一個是市長、一個是副市長兼北農董事長、一個是市場處處長——面對友柯議員徐世勳。

徐：市長，您告訴我，吳總經理適任的理由，好不好？

柯：任命是董事會啦，（笑笑），所以我是可以告訴你，我們沒有辦法換掉她的理由。

徐世勳再次詢問，「市長、副市長，你們認為吳總經理適任的理由？」

臺上，柯文哲雙手倚著備詢臺，低下頭去。

許玄謀——被柯文哲稱為「那個胖子」的許玄謀——站在柯文哲和陳景峻身後，左顧右盼。

陳景峻面對麥克風，一副為難的樣子：適任的理由啊？適任的理由啊，我現在也舉不出來……。

然後徐世勳又論述了一番後，說：「事後好像我們看到菜價沒有跌到多少，可是在這中間風波這麼大，所有人矛頭指向北農的時候，竟然一個公司的總經理不出來做任何的危機處理，市長，您覺得這樣適不適任？市長，您覺得這樣適不適任？」

柯：應該是危機處理能力不好啦！

是啊！「好像我們看到菜價沒有跌多少」，為什麼「風波這麼大」？當時吳音寧不顧自身的危機，不把休市的「錯誤」、甚至被說成是「罪魁禍首」的責任，推給臺北市政府市場處，不揭發許玄謀和陳景峻故意把她的名字列在採訪通知上，欺騙媒體，不對他人開罵也不推卸，只是默默承受罵名，只求把事情處理好——危機處理能力實在太不好了。

短評：歹戲拖棚

我詳閱《臺北市議會公報》速記錄，再對照質詢「實況轉播」，歸結出「市議員們」質詢內容，有三大要點。

其一，不時提到前任總經理如何如何，推崇他的政績，並為他出氣、報仇、抱不平，從而貶抑吳音寧。

例如厲耿桂芳議員：所以我要告訴柯市長，相對於韓國瑜，你們有救他嗎？那種猙獰的面目，非要他下臺，可是他是臺北農產運銷公司之福啊！專業的反而不在北農運銷公司，那你這個沒有能力的、還正在學習的，卻擔任總經理……。

所以，韓國瑜是「專業的」？韓國瑜是「北農之福」？因為他很會喝酒、交際嗎？

引用《風傳媒》曾「讚美」韓國瑜，大意如下：臺北農產前總經理韓國瑜原本是農業的門外漢，中華民國農會（雲林張派）推薦他擔任總經理（在這之前，他沒有任何學經歷和農業相關），他怕丟臉，怕被笑什麼菜都不懂，他便常蹲在地上學著認識這是什麼蔬菜，那是什麼蔬菜。

真是好勵志啊！（二〇一八年三月十三日，陳方隅評論）。

所以，「農業的門外漢」、地方派系推薦（酬庸）的韓國瑜是「專業的」？他常蹲在地上學著（學習），真好棒棒？

其二，延續「你看不看得懂財務報表」的問話模式：

你有沒有覺得羞愧？你有沒有愧對農民？你覺得你適不適任？你要不要自動請辭？

汪志冰議員說：你只要回答我有沒有就好了。

王鴻薇議員訓斥說：有或沒有？你不要嚕哩八唆一大堆……。

他們把「題目」設為是非題，而不是問答題，他們不想聽吳音寧報告、說明，沒有興趣了解事實。吳音寧如何回答？是也不對、不是也不對；有也不對、沒有也不對……。

其三，女性議員的質詢聲調都很高亢，高亢到近乎叫囂，教訓架勢十足，特別是王鴻薇議員，伶牙俐齒，「國語演講比賽」最標準的「北京腔」，「字正腔圓」，捲舌音十分滑溜、輪轉，咄咄逼人，「恰」如一句成語「盛氣凌人」。

相較於吳音寧，老老實實站在那裡，實實在在回答，令「議員們」的質詢更囂張，但吳音寧的回應，語氣平緩、不慍不火、不卑不亢，顯得那麼堅毅、沒在怕，更「激怒」了，尤其女性議員的情緒，讓「挺韓好幫手」王鴻薇和汪志冰氣呼呼的。

綜觀臺北市議會開演的戲碼，只能說是「歹戲拖棚」（臺語），但這齣環繞吳音寧演出的「歹戲」，還會繼續演下去……。

賣不掉的菜，怎麼辦？

臺北市議會四月開議、開演後，四月二十日、二十三日、二十四日的質詢，未造成事件。不料，進入五月，休市風波——這波新聞上的風浪——從二月二十八日開始起風，吹過「天公生」，鬧過「元宵」，「雨水」、「驚蟄」、「春分」都過了，「清明」、「穀雨」也過了，五一勞動節，因為吳音寧臉書Po出一張攝影師張良一拍攝的市場勞動者照片，又是一條新聞，進入五月都快要母親節了，竟然關注的焦點又回到二月二十八日前一天，也就是連休三天後，首度開市的日子。

二月二十七日，吳音寧稱這一天是魔幻的一天。

而把休市風波倒帶回去的臺北市議員，是誰？是挺韓好幫手之一王欣儀。

王欣儀，曾任職旺中集團的中天電視臺及東森電視臺，許玄謀的老婆歐秀珠是她選區內的里長，互有往來與交情；她也是韓國瑜二〇一九年競選團隊裡，議題小組成員之一。

她在五月七日的臺北市議會舞臺上，對著柯文哲演出，但全程沒有請吳音寧站到柯文哲身邊，沒有讓吳音寧有說話的機會。吳音寧坐在臺下的列席位置，聽著質詢、備詢臺上的對話，表情近乎難看，大概是因為覺得太離譜了，簡直不敢置信，沿途咒罵的風，竟然又吹回二個多月前……。

那一天，北農蔬菜到貨量暴增，約三千公噸，達到北農創立至今四十多年來（平常日）最大量。吳音寧從二月二十六日晚間約六點多，抵達第一果菜批發市場後，到隔天下午三點多離開，回到她總公司的辦公室，期間，全程鎮守。後來，因為有「民眾」以國民黨議員的說詞，向臺北地檢署檢舉，吳音寧把北農賣不完要當成垃圾銷毀的菜，買下來，送給社福團體等，涉及圖利，北檢收案後六月要查，致使吳音寧不得不面對，這讓她覺得無比荒謬的指控，把二月二十六到二十七日，所有往返聯繫的資料檢視並留下紀錄，大致如下：

二月二十六日傍晚六點多，她從總公司下班，來到第一果菜批發市場，發現進貨車輛大排長龍，現場工作人員跟她回報，因為進貨量多，所以提前來上班……。她巡視一市場內的卸貨動線，聽取貨運、卸貨工的意見，不禁擔憂起第一果菜市場的改建案；當時臺北市政府核定的方案，中繼面積，嚴重不足，她煩惱若依此發包，到時候全臺的菜車進場，勢必更加壅塞不便，因此她拍了現場照片，於晚間七點五十幾分，陸續透過LINE傳訊息給董監事們，也傳給農委會副主委陳吉仲。

邊傳訊息，她邊沿著環河南路，走路巡視周邊，到蔬菜、水果零批場，以及拍賣區查看，站到指揮臺上，關注整場的情形。凌晨三點二十，拍賣作業開始之前，現場工作人員已經知道，不可能如平常時候，早上七、八點就可以拍賣交易完畢，因此，她指示現場，務必認真拍賣，也在第一及第二果菜批發市場往返視察，聽取狀況，和工作人員討論因應之道。

凌晨四點多，她請公司副理將相關情形，回報給農糧署，她也傳訊給陳吉仲副主委辦公室。到了早上六點多，她通知公司主祕路全利，請主祕研擬一段文字傳給「北農訊息小組」（成員為她、路主祕、許玄謀及市場處科長），告知「報告長官：由於連續休市三天，今天蔬菜到貨量遠遠大於預期數量，因嚴重供過於求市況疲軟，截至六點五十分第一果菜市場外頭仍有二十八臺進貨車尚未進場，預估最後會有大量殘貨產生。為保障農民權益，擬動支購儲基金經費，採購部分蔬菜送大臺北地區社福機構。」

她也告知市府顧問蔡壁如，表示「已將訊息告知市場處（當時是由市場處決定休市三天的），應該要緊急採取補救措施」。

八點十九分，市場處科長回覆，「這是好事，但因主要為前三天連休所致，與購儲計畫執行目的不同（執行項目沒有這項），不宜用此經費（審計會查），建議農產公司經費支應，以確保農民權益。」

她回，「那我們只好另尋經費，總不能眼睜睜看農民辛苦種植的蔬菜到臺北後的下場是被丟掉。」

市場處再回，「感謝總經理密切注意市況及照顧農民權益。」

蔡壁如也回覆，「盡量幫忙，農產公司有特別費嗎？」

也差不多那時候，公司接獲農糧署電話，表示願意協助採購經費，並提供社福團體聯繫窗口。農糧署詢問，賣不完的菜會有多少？公司回報，仍在拍賣中。

拍賣作業延長了，菜車持續進場，卸貨，拍賣完整理場地後再賣，她看著市場的工作人員，從夜晚到早上不停地忙碌穿梭，心中其實既感謝又感動。

上午十點多，她和主祕、第一果菜批發市場主任王鴻雄等，持續討論因應之道。雖然工作人員勸她，過去若遇此狀況，就是把蔬菜報廢，付錢請清潔公司來處理掉，但她認為賣不完就銷毀，太浪費太可惜。

她最終指示，延長拍賣到十一點半，若還是賣不完，便聯絡供應單位，詢問是否載回，若不願載回，就採購下來贈送給社福團體——但，使用什麼經費採購呢？

市場處不同意動支購貯基金，農委會農糧署願意協助，而當時，吳音寧聽從了公司幹部的建議，決定用總經理的業務推廣費（類似公關費），買下這些，本來公司還要花錢請清潔公司清掉的菜。

（她在不知不覺當中，把責任攬在自己身上，沒有察覺，在現今臺灣相互卸責攻擊的政治環境中，那是潛在的危機……）

早上十一點半，北農的拍賣員，拍賣將近九個小時後，都喊到「燒聲」了！根據統計結算，仍有上千件蔬菜（都是易腐爛的水菜）賣不出去，經聯繫產地，不願載回，也不願再放到隔天，於是她便以尾市價格，每公斤二．一元買下。

然後，請公司企畫部副理，就之前已和社福團體聯繫的部分，以及通報農糧署再轉知給社福團體的部分，請他們來第一果菜批發市場拿取受贈的菜。

中午十二點多，北部社福團體的成員，陸續來到，開著小貨車來、騎著摩托車來，她在現場，看著市場的工作人員，協助社福團體取菜，不禁感到欣慰，用手機拍了幾張照片。

但是，因為是臨時通知，社福團體來領取的數量有限，速度也不夠快，預估趕不及下午三點前，市場要全面清空，以迎接，全臺的菜車，又排隊在市場外等待進場……。

怎麼辦呢？終究還是要清掉嗎？她靈機一動，自然而然的想起溪州鄉的大庄社區及水尾社區。

尤其大庄社區的老人公益食堂，那是她熟悉的，她在公所擔任祕書時輔導成立的，每禮拜一到禮拜五中午，都有近百位老人家聚在廟口吃飯——與其把菜丟掉，不如送給老人家吃吧！

於是，詢問市場的「回頭車」，剛好有位尚未回彰化，表示願意無償幫忙，做公益。下午兩點多，蔬菜運離市場的同時，市場也開始進行清場。現場作業人員中午過後疲累的下班，都已經幾乎虛脫，她待到下午三點多，將現場最後的貨件送出……，走出一市場大門，迎面又看見排隊等待進場的貨車，她不禁苦中作樂的笑了！

終於——像是打完一場戰役一般，團隊們盡心盡力，讓所有的菜，都有了歸屬；她感到欣慰。在她離開市場前，也下令，要公司研擬制度化的因應方式，以防之後，或有類似的情況再發生。

二〇一八年二月二十七日，北農交易完成「史上（平常日）最大量」的蔬菜，沒有殘貨，平均價格二十一．五元，事後統計起來，共花了公司一點九萬元的業務推廣費。

據音寧敘述，那天她經過二十多個小時的工作，再度回到總經理辦公室時，不禁買了一瓶臺灣啤酒來喝，彷若慶賀一般，好不容易，完成一件辛苦的任務——這不是好事一件嗎？

不是嗎？

雖然，批發市場賣不掉的菜，該被當成垃圾銷毀或買下來送給社福團體，這個議題本身，是有討論空間的，日本對此也有過相關的政策討論，但是她完全沒料到，當時農委會、市場處、包括市府顧問蔡壁如，都認可的好事，來到五月七日臺北市議會的舞臺，竟成為「公器私用」、「私相授受」、「圖利」，甚至「貪汙」、「賄選」了！

•

五月七日，挺韓好幫手之一、中國國民黨議員王欣儀，對著柯市長質詢到，「我們就僅有的資料（誰給她的資料？）發現，這所謂的十個社福單位，其中最主要的部分只送往兩個地方，市長，你知道這兩個地方是在哪裡嗎？他們是送到產地（彰化縣），而不是臺北地區。他們送到產地（彰化縣）也就算了，偏偏是送到一個小地方，溪州鄉，也就是總經理吳音寧的家鄉，她表哥在當鄉長的溪州鄉。總經理可以這樣公器私用、私相授受嗎？」

中國國民黨籍的徐弘庭議員——是的，挺韓好幫手，曾任連勝文的助理，是韓國瑜二〇一九年競選團隊策略小組的成員——接著質問，「這是否算是圖利？市長，請你回答。」

柯：如果是我，就會讓她說明理由，看看她到底在搞什麼。

徐：如果她說明後，你覺得不對，怎麼辦？

柯：罵一頓。

徐：罵一頓就好了？

柯：我不知道他們公司。

柯：原則上，這還是公司治理。

然後，徐弘庭又往總經理適不適任的「點」打轉起來，陳重文在議會的兄弟陳彥伯議員也來踢一腳，「市長，你到底想不想換掉吳音寧，如果吳音寧不走的話，你就好好雇用她，雇用到爛吧」。當然，汪志冰來了，王鴻薇也來了，然後新聞報導出來了！

「公款買七噸菜送回鄉？吳音寧澄清：不浪費殘貨」（《東森新聞》）——北農這間自負盈虧的公司，總經理權責範圍內的業務推廣費，竟然，變成了「公款」？

「花公帑自肥」、「慷全民之慨，做個人人情」的罵聲，透過媒體，越罵越大聲，雖然五月七日當天，吳音寧便在自己的臉書澄清並報告，「經歷過第一次不留殘貨的考驗，除了深深感謝過程中每一位協助的朋友，也希望建立制度，因此，自三月開始，北農就已經和食物銀行聯合會等團體商議，也已在四月將和社福團體合作的辦法草案，提送市場處審議」，也就是說，在新聞沒有炒作的那些時間裡，她其實默默做著實際政策的推動。

但她試圖制度化的作為，臺北市政府會支持嗎？四月二十六日，北農正式在購貯基金管理委員會提案，以購貯基金，採購面臨報廢果菜，贈送社福團體之辦法，當天，市場處建議，再做討論，並未通過。

不只沒通過，沒想到五月十一日，市場處還派員到北農「調查」，並且，把資料提供給王欣儀和汪志冰——還記得汪志冰接獲的「市府人士爆料」嗎？——召開記者會，召開記者會，指控吳音寧「說謊」、「賄選」……。

•

記者會那天，是母親節；那天，吳音寧本來要帶母親去玩，但也只能臨時取消。她沒料到，一件好事，或至少立意良善，竟然，會被歪扭至此。她鎮日忙著應對，電話往返聯繫，連晚餐都沒有吃，而我和她母親，便也這樣旁觀她如此度過了母親節。

母親節的記者會上，除了王欣儀和汪志冰，還有一個人，坐在兩位挺韓好幫手身邊——是誰呢？捨棄假日，去一同召開記者會。

那人便是，王欣儀選區內的臺北市市場處處長許玄謀。

許玄謀在記者會上，聽王欣儀說，「經由我們（我們？）市府人員五月十一到北農公司訪查後，北農公司的人卻向調查人員坦承，並沒有聯絡社福團體（還出示所謂的訪談紀錄），通知市場處、農糧署，所以吳音寧的澄清，根本，是在說謊嗎？」

汪志冰則說，「為什麼會送到溪州鄉，因為溪州鄉她的表哥，其實這一次已經登記參選，然後送到她的溪州鄉，讓她的表哥去做什麼，去做選舉的這樣的一個動作啊！我們也必須懷疑，這樣的作法，有沒有賄選的問題……。」

王欣儀和汪志冰，以許玄謀給的「資料」，在記者會上質疑，送菜箱數「兜不攏」。其後，市場處的人還去「訪談」貨運公司，甚至，要派員到彰化縣溪州鄉「偵辦」，要被當成垃圾銷毀的菜，真的有送到社區嗎？哪些菜？各幾箱？每箱多少公斤？而你們——溪州鄉大庄村和水尾村的鄉下人——真的，沒有遺漏的吃下那些菜了嗎？

不只大庄村和水尾村，臺北市政府柯市長的市場處，還派人去北農提供的名單上的十幾個社福團體，包括臺北恩友中心等，一一去「做筆錄一樣，去調查，到底你們收了多少菜，是不是像吳音寧講的，也有送到恩友中心，是不是真實有送……」（引自姚立明於《鄭知道了》談話性節目）。

直到五月十五日，《上報》一篇報導，才揭露「柯市府『漏列』關鍵訪談紀錄，讓吳音寧成北農送菜風波箭靶」。

原來，市場處五月十一日到北農調查，「當日訪談結束時，本公司受訪人員請求影印貴處現場手寫訪談紀錄表，但貴處並不同意。」（引自北農發給市場處「要求勘誤」的公文）

市場處回去後，就把手寫訪談紀錄，「受訪之業務部人員表示：因非本部聯絡，故不了解」，「打字」變成，「業務部表示無聯絡社福團體及通知市場處、農糧署」，然後由許玄謀提供給王欣儀，再變成「北農公司的人卻向調查人員坦承，並沒有聯絡社福團體，及通知市場處、農糧署」，而手寫訪談紀錄中，「受訪之企畫部人員表示：當日有聯絡社福團體，並告知市場處、農糧署」，經「打字」後就不見了。

故意「漏列」，扭曲事實，是何居心？為何，竟敢竄改訪談紀錄？令人不得不懷疑，這是存心不良的預謀陷害；真是膽大妄為的公務人員啊！難道背後沒有人撐腰？

幸好，北農有保存，當日原始訪談錄音檔，正式發文給臺北市政府，要求更正，但若沒有保存錄音檔呢？冤屈豈不永遠？

而被揭穿後的許玄謀，沒有受到任何責難，僅只是輕描淡寫的辯稱，「那是精簡版」。

風波持續到五月十八日，吳音寧出面召開記者會。在被下標為「7pupu親上火線解釋」的記者會上，她說，「這個過程裡面，團隊真的非常認真……照過去的處理方式，就是報廢，就是變成垃圾，我認為那些蔬菜，是農民辛苦種植，送來臺北的，我不捨這些蔬菜，就這樣，報廢掉，所以最後我們決定，以北農這間民間公司，我的總經理的業務推廣費，一萬九千塊錢，買下這些蔬菜，贈送給社福團體……造成受贈單位，社福團體，反覆的被打擾，我真的感到很大的抱歉……

「我在此也要特別的澄清，在這個聯繫的過程中，我沒有打任何一通電話告訴溪州鄉長黃盛祿。

「搞得好像……（她無奈的又笑又嘆）」，一字一句，清晰且鏗鏘的說到，「我真心希望，我們可不可以，朝向事情的本質，朝向建立制度化來看，而不是還在這個一萬九千塊，我的總經理的業務推廣費裡面，不停的打轉，不停的打轉，不停的繞，不停的放大……這樣子對我們臺灣的農業，對我們想要做的產銷的改善（她停頓了一下），也許，真的沒有太大的助益」！

魚翅與菜價

五月十一日，當市場處的人派員到北農查訪，而後造假訪談紀錄之際，吳音寧正應邀到高雄旗山，進行絲瓜、荔枝等產地拜訪。她參觀集貨場，聽取農民心聲，中午，在青果社的安排下，和產地農民，約十幾個人，一起共桌用餐。餐後，農民和她合照，隔壁桌也有人認出她，跟她說：吳總加油。然後一行人繼續往下一個行程。

這，有什麼新聞性嗎？

她沒有帶著鏡頭，把她和農民的互動拍攝起來，作為她的政績宣傳；她一直不是喜歡入鏡、甚至搶鏡的人。

但……五月三十一日，她在辦公室，處理公司事務時，幕僚告訴她：總經理，又有你的新聞了！是中國國民黨市議員參選人游淑慧，已經不只一次，巴著吳音寧的話題，炒作選情。

這次游淑慧把幾張照片（也許從網路上盜取而來），移花接木成所謂的「魚翅宴」，指控她「不顧菜價崩跌，跑去高雄吃魚翅」。

「拜託，又來了！」吳音寧當下的第一個反應，是厭煩；「菜價」跟「魚翅」有什麼關聯呢？如此並列，有什麼邏輯可言嗎？但她還是必須去面對鏡頭解釋，那天，她事先不知道會去哪家餐廳、不知道菜色，魚翅上桌後，基於理念，她也沒有吃。

然後臺北市議會的議員質詢了，有沒有吃？有沒有吃？請回答——

電視臺派出記者，到高雄旗山採訪餐廳老闆，一盅魚翅多少錢？吳音寧到底有沒有吃？老闆說她確實沒有吃，擺在她面前，可是她沒有吃。

電視臺還跑去採訪青果社的人，確定，吳音寧沒吃嗎？那魚翅哪裡去了？

只因一個要選舉的市議員候選人，鬼扯出來的「爆料」，新聞延燒數日，「評論」也大談特談了起來。

就我所知，音寧的朋友，不少人勸她，透過此次，明顯的造謠毀謗，對游淑慧提告；但音寧最終沒有。她曾說，她都沒對朱學恆之流提告了，對一個女性市議員參選人提告？

而我當時雖因她不提告而鬱卒納悶，如今想起她在《江湖在哪裡？——臺灣農業觀察》一書中的一段文字，似乎漸漸可以理解，她念茲在茲的，從來不是類似游淑慧這樣的個人，而是事件反映出的臺灣現況，令人憂心。

那段文字是這樣寫的：

「當資本握有最大決定權的媒體，收攏整個社會的眼睛，聚焦於如豆的一點，很快又跳到另一點，再驚爆，放大另一點；當媒體對於實事求是的要求越來越低，人們卻越來越仰賴媒體來認識身邊的世界；當世界好像成了一面面分裂的鏡子，各自的立場，皆可以在其中找到信仰的版本……」

她至今仍耿耿於懷的，最大的重點，從來不是她個人名聲的毀譽，而是，「事實，有辦法在今日（及其後）的島嶼媒介中存活嗎？」

洋酒或紅酒

果然，「魚翅」這一點，還沒爆完，隔天（六月一日）又爆了！

爆點誕生的這一天，「選舉的熱度持續加溫中」（引自《江湖在哪裡》），「縱使沙漠可以在媒體上變叢林，休耕的稻田仍然沒有人理」。

鏡頭環伺的臺北市議會裡，挺韓好幫手，陳重文又出場了。他早上開記者會，下午到臺北市議會質詢，說他「抓到了，臺北農產運銷公司是DPP（民進黨）的大金庫，吳總經理拿著臺北農產運銷公司的錢，替民進黨綁樁」，甚至，連「買票」都說出口了。

（因為陳重文的質詢內容，實在太過雜亂，錯誤訊息交織一大堆，就不一一引述了。）

「買票」？「綁樁」？

陳重文指的是，吳音寧作為北農總經理，曾用北農這間營收二十幾億的公司，每年數百萬業務推廣費中的二十二萬，於二〇一七年補助溪州鄉（協會及社區）兩次農業活動，其中一次，是黑泥季；另曾於二〇一八年二月，贊助溪州鄉公所一批元宵節摸彩活動的禮品。

這是「買票」？這算「綁樁」？那同樣補助黑泥季的文化部、客委會、臺啤等，同樣贊助溪州鄉公所摸彩禮品的各級政治人物們，都「買票」了？都「綁樁」了？

陳重文一副「抓到了」辮子、「抓到了」把柄一般，說「溪州鄉鄉長叫做黃盛祿，是吳音寧的表哥或是遠親，現在（六月），民進黨提名，參選彰化縣北斗區的議員」，所以……

陳：市長，你覺得這樣合情合理嗎？

柯：這個請吳總經理自己說明好了。

吳：完全合情合理。

陳：市長，她替民進黨綁樁、買票，合情合理？

吳：並不是替民進黨綁樁、買票……

吳音寧試圖解釋，公司的業務推廣費，顧名思義，為推廣公司業務之用，她說，「這間公司涉及了全臺灣十七個縣市的產地，各產地跟臺北農產運銷公司的業務範圍相關，業務推廣費就可以使用」。

但，陳重文會聽嗎？

不會。他要臺北市政府政風處，和市府派到北農當監察人的財政局副局長去調查。

政風處處長回答：跟議員報告，就法律而言，吳總經理不屬於公務系統……。

但，陳重文會聽嗎？

不會。他在鏡頭裡撒道具錢，像撒冥紙一般，又「爆料」。

陳：在吳音寧總經理任內，有沒有民進黨臺北市黨部黨慶的時候，使用業務推廣費送給民進黨臺北市黨部六十瓶洋酒？

吳音寧任內？從二〇一七年到二〇一八年，全公司數百萬的業務推廣費裡，有買過六十瓶洋酒嗎？

吳：我已經講過了，在一〇五年的時候，北農的業務推廣費實支將近五百萬元，一〇六年的時候，實支二百多萬元。

陳：總經理，你不要答非所問。

吳：在業務推廣費裡，我們所使用的都是……

陳：有沒有？回答我的問題。

吳：業務推廣費裡……

陳：有沒有送？

……

吳音寧耐著性子想要說明，但頻頻被陳重文打斷。事後，我曾問她，為什麼不直接了當的回答：「沒有。」

她告訴我，公司的業務推廣費，確實有買不少酒，因為常有各產地農民，各方賓客來訪，包括蔬菜公會、青果公會等協會，都會申請餐酒費用的補助，協會成員，有的是國民黨，有的是民進黨；公司歷來也會買酒，贈送貴賓，如她在議會備詢時所說，受贈單位或人，循例是以「貴賓」登記。因此，到底確切是否送過陳重文在議會裡，一下子說是六十瓶洋酒，一下子又說是六十瓶紅酒的酒，她當時還沒細查，不敢確定，便沒有直接回答。

但是她言語謹慎的個性，將讓她在鏡頭裡，吃足了苦頭！當天新聞，陸續出現，「吳音寧花公費，替民進黨綁樁？」之類的標題——北農這間民間公司的業務推廣費，竟成了「公帑」？「公費」？

雖然鏡頭裡也出現，她隱忍著怒氣與不屑，回答，「報告議員，（業務推廣費），完全符合公司的規範在使用，以及公司的核銷方式在作業」，不過，她被鏡頭擷取到停頓的畫面——應是對於要應付陳重文這樣的傢伙，打心底感到厭煩吧；「議員，事實並不像您胡扯的那樣。」她說不出口，又不想與之一來一往的互嗆——因而卻被下標為「沉默」，甚至演變成「默認」。

隔天（六月二日），北農公司發布新聞稿，她也在臉書寫下，「經查證確認，並沒有贈送給民進黨臺北市黨部洋酒六十瓶一事」，但，「爆點」形成了！

「媒體，收攏整個社會的眼睛，聚焦於如豆的一點……」如《江湖在哪裡？——臺灣農業觀察》一書所「預言」，只不過，十多年前她寫楊儒門的事，二〇一八年發生在她自己身上。

在六月一日，當涉及民進黨的新聞出來之後，該如何因應、如何避免，這「驚爆」，火花四射，燒向民進黨？就我所知，民進黨內，要求吳音寧下臺的聲音，就更加浮現了！

為受委屈的人撐住

為了因應媒體炒作出來的「輿論」，罵聲隆隆，民進黨內，有人建議吳音寧主動請辭。大致上有兩種心情，一種是「嘸甘」吳音寧「吃個頭路」，卻如此被糟踏；另一種是趕緊切割、止血，以免影響民進黨選情。

從五月中下旬，關於吳音寧該不該離職，就已「山雨欲來風滿樓」。六月一日，面對陳重文的誣指，吳音寧沒有強勢回擊，更讓她處於危機當中。但其實支持她的聲音，也在一點一滴持續湧現。不只她上任之前，就替她「背書」的社運人士、藝文界人士、農運人士、文化界人士……等等，也不乏產地農友、基層勞工、市場裡的工作人員、家庭主婦、小吃店老闆……等等等，她更幾番遇到計程車運匠，不收她的錢，時不時遇到年輕人跟她說加油。

當然，看她在電視上被罵，替她感到委屈的，還有溪州鄉的農民，尤其大庄社區老人公益食堂的農民。

大庄村長陳元振，曾在鏡頭前說到，「當然委屈，我們村民也覺得很委屈……」。因為吃了北農賣不完，要被當成垃圾丟掉的菜，竟然要被指為，「受圖利的對象」，還要被柯文哲的市場處派員調查，是否真如協會理事長陳振家所說，「不耐放的蔬菜，吃不完，由志工媽媽做成菜乾了」——那，菜乾呢？菜乾在哪裡？

「當然委屈，一件好好事，啊乎人講得這樣不能聽。」（臺語）多位老人家都氣哭了，面對來訪的記者，紅著眼眶說，「很嘸甘伊（吳音寧）」，「為了政治利益，有必要這樣惡搞嗎？」

六月四日，吳音寧首度去上談話性節目。在《鄭知道了》這個節目中，主持人鄭弘儀問她，面對「一波又一波政治的攻擊，都是假的，你有失眠過嗎？」

吳：倒是沒有。

鄭（笑了）：還是好睡？

吳：因為就是說……

鄭：那你哭過嗎？

吳：我有。我自己有哭過，但大部分的時間都是在生氣。

鄭：你是怎麼樣的狀態下哭？

吳：當然我最多的時候，哭的時候就是說，老人家跟我講話的時候，他們哭了，就說為了這樣要被當成垃圾丟掉的菜，結果在一個月來溪州遭受到這麼大的抹黑，跟這麼大的攻擊，尤其老人家拉著我的手……還有我到產地去，很多農村的老人家，他們說，你辛苦了，你一定要撐住，因為今天在這裡最主要，就是為了我們臺灣的整個產銷體制，為了臺灣的農民，你要撐住，通常是在那個時候……

（她停頓，深呼吸，忍住淚水）

委屈啊！豈止在某件事而已。

在臺灣民主化的進程中，不少誠懇、樸實、不擅言詞、不懂花俏造假演戲的農民，被雲林張派、彰化謝家等勢力，壟斷話語權——「農民」這個詞的發言權，被有錢有勢的地方派系給「代表」了——心底的鬱卒，吐不出來，而民進黨，在很多政策上，又為了迎合選票、因應所謂的輿論，不敢、不願是非分明，讓不少農民，尤其支持民主運動的農民，很無力。

「咱在網路上，都不敢跟人家戰，咱就卡不會講，講不贏人家。」

「我看你在電視上頭，乎人罵得這樣，真正看到很生氣。」

「這臺轉過來在罵，那臺轉過去也在罵，明明就不是那樣。」

「白白布乎人抹到黑。」

「欺負咱臺灣人嘛。」

「欺負咱鄉下的。」

不少人跟吳音寧說到，在《鄭知道了》的節目上，吳音寧也說，「包括我們市場的人也感到非常的委屈啊，市場的人覺得說，根本不是外面講的那樣子，不是那樣子……」

她哽咽了！面對一連串的攻擊，那是她擔任總經理期間，唯一一次，在公眾面前，眼紅鼻酸。不是因為被罵，她對於那些加諸於她的罵名，不太理會，而是因為想起支持她的人，也因此受委屈了。

為受委屈，甚至受冤屈的人撐住——我想，在那麼艱困的狀況下，她都沒有放棄，很大的原因來自於這裡……。

六月啊！擺盪的六月

曾有朋友形容，那時候，吳音寧像是被K到躺在擂臺上（當然是一場作弊的、不對等的擂臺賽），裁判都倒數了，五、四、三、二……，咦，結果吳音寧竟然又站起來了，沒有倒下去。

關於她該不該離職，正被討論之際，六月三日，北農常務董事邱進福，去參加「百工百業」的座談茶敘；那是之前便已安排的座談。而那天（來到那個時機點），邱進福當面向蔡英文總統表示，大意是，他擔任北農董事二十多年來，吳音寧是他看過，最認真做事，也是做得最好的總經理，民進黨怎麼可以放吳音寧一個人，被柯P及中國國民黨的臺北市議員，在市議會這樣圍攻？

當吳音寧知道，市場的人，主動為她去總統府發聲，當然是感動得自己默默擦拭眼角的淚。

她隨時可能被離職，日子動盪不安，為了因應媒體的亂報，而忙碌著。六月五日，她在臺北市議會備詢時，柯文哲指派臺北市政風處長、市場處長、財政局副局長兼北農監察人等，浩浩蕩蕩大陣仗，到北農查帳，搜索，還有多家媒體「聞風而至」。

六月六日，農委會副主委陳吉仲，受邀到民進黨中常會報告農業政策，針對吳音寧與前任總經理韓國瑜的表現，分別列舉：經營績效、農產量價、經費運用、人事制度、重大政策等做比較。

在公司獲利方面，吳音寧上任後的經營績效，是過去五年來最高；菜價波動相對過去平緩，但送到北農拍賣的菜量增加了；外銷部分，相對於過去韓國瑜多次透過國貿部到中國交流，進口中國農產品到臺灣，吳音寧則整併國貿部，不再從中國進口任何農產品，更拓展臺灣農產品外銷的數量及地點，在陳吉仲報告的那時候，一〇七年第一季已完成十五項外銷，比前任成長一一七％；在業務推廣費的運用上，吳音寧任內每月支出約二十萬元，多用於贊助農民團體及補助農業活動，反觀韓國瑜支出多一倍，平均每月四十多萬元，還動用公司的錢，攜帶眷屬出國旅遊；韓國瑜更未經董事會同意，私自核定，憑一己好惡，濫發獎金八千四百多萬元（包括自己領最高額），吳音寧則將獎金發放制度化，也提撥三千多萬元挹注勞退準備金；韓國瑜未經考試就把百餘個人帶進公司，吳音寧則建立人事進用制度等等。

蔡總統在陳吉仲報告後表示，吳會做事，是做事的人但不是政治人，「不能讓一位有理想有抱負想做事的人，放在那邊任其獨自承受來自各方的壓力，應該有一組人協助面對政治攻擊及政治攻防。」

六月七日，北農再度遭到北市府和監察人等查帳。農委會副主委陳吉仲在記者會上說：「政府的政風單位，可以到一家公司這樣查嗎？有無違反公司法？北農監察人是獨立監察人，獨立監察人可受市長指示，再請其他相關單位到一家民營公司去查帳嗎？」陳吉仲認為「這在公司治理有沒有符合相關規定，要打一個很大的問號。」

柯文哲則一方面違法派政風處人員去北農查帳，一方面在市議會答詢時表示：吳音寧的品行道德沒有問題，問題是她實在太嫩了，處在臺北市政壇就被當成肉砧；之前因為休市，菜價跌了，那是正常價格，但大家還是一直丟泥巴……。

六月八日，臺北市議會總質詢結束後，柯文哲在臉書表示：「這個國家不應該這個樣子，我認為外界的指控還是要有證據」、「吳總經理雖然政治歷練仍須磨練，但她在個人操守、來自產地的經驗，對臺灣農業發展的熱情值得肯定」、「從市場拍賣機制而言，在臺灣本地農產品的優先性、價格的合理化及產銷上的平衡，北農目前整體表現還不錯，繼續努力」。

六月九日，吳音寧在臉書Po出《拍賣員的一天》這支由導演林靖傑團隊拍攝的紀錄片，表示「北農要公開招考理貨員，以培養未來的拍賣員，歡迎對農產運銷有興趣的夥伴一同加入。」因為影片大受好評，報名來參加招考的人也十分踴躍。

但攻擊，豈會停止？中國國民黨的議員、立委、挺韓好幫手們，尤其，旺中集團，豈會罷手？因為九合一大選的日子，一天比一天接近……。

六月十四日，包括北農常董邱進福、程建盛、林長平、洪嘉佑、陳益宗、黃文卿、邱文和等七大公會董事，主動舉行記者會，替吳音寧發聲，公會代表說：「生意人不懂政治，但吳音寧認真做事，大家有目共睹，卻被外界一再汙衊，太沒有天理。」

記者會上並將「看不懂財報」、「三月休市」、「殘菜風波」到「臺北市政府竟然派員到北農查帳」等事件，共列為八大荒謬及不合理，強調全力支持吳音寧繼續留任。

七大公會董事主動舉行記者會。

六月十四日同一天，針對之前違法指示政風處去查帳，「柯文哲今天則坦承：『我不具備《公司法》的法律知識』」。（資深「實習市長」嗎？）

「柯文哲表示，北市府擁有北農的股權不到五十％，不是公營機構，所以政風處不可以查，可以查帳的只有監察人。」

「被問到覺得自己有做錯嗎？柯文哲則回應，『沒有啦，我是沒有具備這種知識，發現連整個市府在處理時都沒先翻《公司法》』。」

柯文哲說：「臺北市政府有多少議題可討論，不要為了一個北農、幾瓶酒，導致整個議會都沒有關心其他事情。」

是啊！孰令致之？

而氣候多變，局勢詭譎的六月，來到六月十九日，吳音寧又在臉書發布一支影片，試圖讓大眾認識、了解，臺北農產運銷公司這間公司，而不是任由那些不實的炒作，籠罩、甚至左右這間公司，致使人們無法把產銷制度面的問題，看清楚。

在六月的那一天，她其實也預告了，她不再去臺北市議會備詢，不再去站在柯文哲身邊，手插口袋，怒視眼前，那幾個特定的演員，演出飆罵的戲碼。

她在臉書寫到，「回歸法規，回歸北農作為產銷平臺的使命和任務，才是對農民及消費者最大的助益」。

潛規則

二〇一九年六月二十二日，我看到一則電視新聞中，柯文哲一再強調，吳音寧當時最大問題，是不去市議會備詢：

「像我也不喜歡去議會，可是面對問題就要解決，你如果有本事去議會和她對打，再不行，你在議會上哭也是辦法，但是你選擇不來，反而在政治操作上變成弱勢，一路挨打。當時吳音寧在處理上所犯的錯誤，你就是要進議會，如果重來一遍，她當時出席議會就好了。」

隔了幾天，二〇一九年六月二十七日，柯文哲在《新聞大解讀》電視節目中，接受專訪，莫名其妙又牽扯吳音寧，可見他「耿耿於懷」：

「吳音寧只有犯一個錯，她應該上議會，她只要上議會就沒事，她站在那裡哭都過關，你不能說不來。為什麼她可以不來，後面有人撐腰嘛，天啊，我實在受不了。」

真是胡說八道。

吳音寧只要上議會就沒事嗎？

回顧二〇一七年十月、十一月，以及二〇一八年四月、五月、六月的會期，吳音寧不是乖乖去市議會備詢，實實在在地回答嗎？但她數個月來被「綁」在議會，換來什麼樣的對待、什麼樣的「後果」，柯文哲不知道嗎？那幾個友柯友韓議員的目的是什麼？柯文哲裝糊塗嗎？幾個月的「質詢」，質詢出什麼事實或農業政策嗎？

她決定不再去議會備詢，純粹是個人意志，哪有誰撐腰？

不去的原因，在「依法行事」這部分，她不僅在臉書、對媒體、或私底下都一說再說，她希望北農能夠「回歸」農產運銷的實質運作與相關改革，而不是總經理把大半時間都交給議會舞臺。

連柯文哲自己都說過，「吳音寧依法可以不去議會……」，不僅在議會備詢時（二〇一八年四月十日）說過，也對媒體鏡頭說過。但是，當臺北市議會議長吳碧珠，在議堂上譴責吳音寧，怎麼可以不依照「潛規則」來備詢？柯文哲隨即附和：對啊，怎麼可以這樣？

柯文哲說他也不喜歡去議會，但他別忘了，他是市長，「依法」不能不上議會；但吳音寧依法可以不去，沒有義務要去議會，站在他身邊，陪著他演。

至於，所謂的「潛規則」，又是什麼道理？

潛，當形容詞，隱藏不露之意，例如潛藏；當副詞，暗中行動之意，例如潛逃。

潛規則如何形成？怎樣訂定？是誰說了算？

「潛規則」就是一般所說的「不成文規定」吧！高於「明文法規」嗎？臺北市議會是幫派嗎？有多少「隱藏的」「潛規則」在進行、必須遵守？連任多屆的議長主持會議，都是依照「潛規則」嗎？

包括柯文哲在內，中華民國行政「官員」，不是最喜歡講「依法行政」嗎？為什麼吳音寧依法不去市議會備詢，卻彷彿犯了什麼「天條」，市政府、市議會、媒體「輿論」連成一氣，集體譴責，連民進黨內，也有不少人責怪她「堅持己見」……。

不配合演戲，她其實承受很大壓力。

微笑走出議場

就我所知，當時不只北市府的蔡壁如，又是命令又是屢勸她去議會，市場處更透過各種手段，對吳音寧施壓，連農委會也強力主張，要吳音寧上「戰場」戰鬥。當然，把她當「政治提款機」，透過攻擊她，以博取版面、聲量的挺韓好幫手們，更是摩拳擦掌，擺好架式，要求吳音寧務必站到臺上去——那可是萬眾矚目的焦點啊！舞臺上方環伺的媒體（尤其，旺中集團旗下的媒體），已鎖定即將又要開議、開演的臺北市議會，甚至，連立法院的中國國民黨籍立委，都要求吳音寧去立法院舞臺。

但是吳音寧表示，依法不必上臺。

這怎麼可以？怎麼可以不讓市議員達到作秀的目的？不讓臺北市政府討好

市議員？不讓農委會可以「交差」？不讓鏡頭有舞臺可以對焦？

這是一場政治的秀，但是吳音寧「不想演」——她不想去「對打」，不想浪費時間在口舌上，或按事先寫好的腳本演出。她知道自己隨時可能「走人」，而想做的事情還很多，寧願趕緊做些實事，能做多少算多少。

那就是她當時的處境。而我，看得心焦急，卻使不上力。焦慮的七月，吳音寧依據法規，拒絕再去市議會備詢，但循例去了臺北市議會的財建委員會進行工作報告。

七月三十一日，她去到委員會的會場，但主席鍾小平等多位議員（是的，包括挺韓好幫手汪志冰、陳重文等），卻逼她應先表明，願意去市議會備詢，才讓她報告。吳音寧重申不去備詢，但她表示，「今天來到財政建設委員會，就是要回答議員的問題，大家剛剛的疑問，我也願意回覆」。

僵持了一陣子之後，所謂的本土政黨臺聯黨議員陳建銘（政三代，他女兒當時擔任柯市府觀傳局局長，目前緊跟在柯文哲左右），提議「吳總經理如果不想到議會接受監督，那可以先離席」（其實是趕出去的意思）。表決通過，吳音寧只好收拾桌面上的資料，放進她的書包內，主席鍾小平議員一再催促：「出去、出去，趕快出去，再不離開，本席請女警進來……」。

這些議員們，真正想要了解北農業務、營運狀況嗎？在財建委員會報告、詢答，不是時間更充裕、更詳盡嗎？

但顯然議員們關心的，是鏡頭，不是政策或業務。

當天，我看著電視全程轉播，心情鬱結、起起落落，不過，看到吳音寧慢條斯理收拾東西，臉帶微笑背起書包，態度從容的走出會場，緊繃情緒平復不少。

外銷帛琉

吳音寧不再去市議會備詢，臺北市議會裡，友柯友韓議員們的演出，頓時，失去了關注度。

汪志冰嚷嚷，「我下的條子是請臺北農產運銷公司總經理。」陳重文，「總經理，人呢？」，他要求主席，「時間暫停，等吳音寧來，再開始質詢。」但時間沒法暫停，也等不到吳音寧去議會。

王欣儀說，「她不來，我怎麼質詢？」

徐世勳表示，「臺北市政府培養出一位全臺灣最大尾的總經理，市長的下一步該怎麼做？」

而王鴻薇與徐弘庭，和市場處長許玄謀，一搭一唱，要求臺北市政府對北農開罰……。

但是都沒有媒體報導，沒有上新聞。

除了七月三十一日，吳音寧去參加財政建設委員會時，才又有臺北市議會這些挺韓好幫手的新聞。

在攸關第一果菜市場改建的財建委員會中，挺韓好幫手們，逼問吳音寧，關於準備出口農產品到帛琉一事。

事情是這樣的：

音寧上任後，不再從中國進口蔬果，而是盡力拓展臺灣蔬果外銷的新據點，臺灣的邦交國之一，帛琉，便是其中一處。九月中旬，她在臉書寫到，「在部分人士質疑、嘲諷的聲浪中，臺北農產運銷公司推廣臺灣蔬果至帛琉的行程已順利返臺。」那並不是容易的事。過程中，據我所知，包括帛琉大使館及外交部都給予默默的幫助，直到十一月臺灣蔬果終於首航帛琉——至今北農和帛琉的蔬果貿易仍持續。

而蔬果外銷帛琉一事的促成，其實緣於一年多前，二〇一七年吳音寧上任不到兩個月，帛琉共和國眾議院議長，率隊要來北農參訪，她不僅親自接待，更找了擔任臺東市長時，和帛琉關係友好的賴坤成，一起迎接。其後，帛琉的農業部長和蘇浪超市總裁（也就是後來和北農簽約的超市）來到，她也率北農團隊盡力促成貿易之事。

政策，從來不是一蹴可及，而是靠過程中點滴努力。包括，她在北農任內，最在乎的臺北第一果菜批發市場改建一事，也是如此。

第一果菜批發市場改建

臺北農產運銷公司創立於一九七四年，也就是說，第一果菜市場已有四十多年歷史，十分老舊，建築空間，已不符合現代需求。早在郝龍斌市長時代，已開始規畫改建工程，柯文哲上任後，列為重要政策，預計在他任內完成。但改建牽涉層面廣泛，土地面積又十分不足，諸多因素遲遲搞不定。

我綜合一市場改建，相關的新聞報導、評論、各項會議紀錄、以及市政總質詢等，列出吳音寧和第一市場改建的具體「互動」事件：

上任約一個月，她啟動公司內改建執行小組第一次會議，其後，陸續召開十幾次會議，多由她親自主持。

上任約兩個月，她委託「臺大建築與城鄉研究發展基金會」的建築師團隊，協助檢視臺北市政府的市場改建規畫方案，並重新盤整，第一市場改建空間的實際需求。

上任約三個月，她在臺北市政府的雙首長會議中（二〇一七年九月二十二日），點出市府原先改建規畫的問題，並提出新方案。當天會議紀錄中，「現階段新方案（也就是吳音寧方案）」和「市府（原韓國瑜）建議方案」，首度出現。

會議中決議，兩方案「併進」，「在時間緊迫下……新方案如在主體工程專案管理完成決標前確認需求並報府同意」，才會「由PCM標納入統包文件規畫項目」。

然後十月，吳音寧人生第一次站上備詢臺。徐世勳議員問她，財務報表您看不看得懂？她未做是非題回答懂或不懂，而是回應一句謙遜的話語：我有認真在學習。關於「學習」的陳述補充，她提到「所有狀況持續發生，包含第一果菜市場的改建……」

那時她對市場改建已有新藍圖，也花了相當多的時間與精神，在和團隊研擬、討論、思考、聽取意見並「學習」，但她言談非常的謹慎與客氣。同月（十月三十日）她更親赴市長室，向柯市長報告，為何原先的方案不妥，為何北農要提出新的方案。

當天市長室的會議紀錄，留下「反對者要提出替代方案，以供評估」的決議。

「反對者」當然指的是吳音寧；「替代方案」則是要求北農這間農產運銷公司，必須提出更專業的工程規畫版本。

也許，當時市府出此難題，是要吳音寧知難而退，但她不僅沒有放棄，反而更加快腳步的積極研擬，繼續和第一線的工作人員開會討論，也持續和公會等溝通，並在十一月，率領改建小組成員，到日本福岡大同青果市場考察。實地丈量市場的各設施尺寸，就各項作業流程，實際進行交流座談。

回臺後，馬上（十一月二十九日）在董事會的會議中，向董事會（當然包括董事長陳景峻）報告：

吳：公司提出的疑問，市府雖然都有在溝通，但一些實質上並沒有納入市

第二區

第二區3
第二區2

府會議紀錄，或者有暫停趨勢，我們也要再一次提出，像現在的中繼方案面積，確實不足，到時現場作業上會有非常大的困難，公司會就這一點直接行文給市府，在董事會上跟董事長及各位董事報告。

陳（主席）：我在董事會當董事長，會把董事會決議反映給市政府。

吳：應該要有一個更順的方案，因為很多業者及所有作業人員都會擔心，真的執行時，如遇到問題，到底誰要去負責，且影響到所有人的生計和運作，是不可小覷的問題。

緊接著，來到十二月二十二日，吳音寧對臺北市政府簡報提出「新建工程與新建中繼替選方案」，再一次，更明確的指出，市府原方案的問題，包括中繼市場拍賣面積不足、主體建築樓層高度不足等。

進入二〇一八年，農曆春節後，休市風波起。三月八日，她整夜鎮守第一果菜批發市場，並於早上召開記者會的那一天，她不忘以公文正式向臺北市政府提送，完整版的「新方案」（或稱之為「替代方案」）。

方案的正式名稱是，「改建主體建物各項設施需求調整比較表」及「各樓層示意配置表」。

縱使休市風波中，她人生大概首度遇到那麼多人罵她、攻擊她，但是她回家對我說，她其實很高興，因為經過半年多，雖然她的努力沒有任何新聞報導，可是，三月十六日，臺北市副市長林欽榮主持的市長室會議中，終於，採納了她的意見，增加中繼方案的面積，重新做出修正。

然後三月二十三日，臺北市政府也針對她所提的版本（新方案），和市府（韓國瑜任內）規畫的版本，做出比較，詳列不同之處。

新的版本，最主要是依現場作業需求提出——那是吳音寧和現場幹部一次又一次開會所確認：擴大拍賣場面積。挑高空間高度。人力卸貨改為機械式卸貨。改善物流及運輸動線。增設低溫卸貨區。建置蔬果冷鏈供應系統。同時，將餐廳、禮堂等，經公司討論後認為非必要的設施縮減。

時序很快來到四月，也就是吳音寧在臺北市議會頻頻被修理之際，她沒有花太多心思去對付，反而仍掛心著改建；因為，市府已就新舊兩個版本做出比較，但還沒有明確裁定，採用哪個版本。

①吳音寧於市場改建會議。
②市場貨車停靠現況。
③市場內。

四月三日，新工處要求北農，就所提版本各項需求內容，再確認一遍；雖然，新版本才是符合實際需要的，但要市府推翻原先的版本，牽涉到預算等變更，顯然市府的官僚系統推拒。

五月，當殘菜、魚翅、洋酒等「爆點」亂爆，而吳音寧差點下臺之際，她默默的，仍不放棄，對臺北市政府的說服與溝通：要採取一個，對得起以後（未來四、五十年）營運的方案啊！

畢竟，「『一市仔』的改建，是何等大事啊！」（如她臉書所寫），「臺北市第一果菜市場，俗稱『一市仔』。四十多年來，一市場敞開胸懷，迎接全臺灣各產地來到的蔬果，也毫不保留的接納，每夜大約五千位市場從業人員，包括北農員工、承銷人、貨運、拖工、攤商、小販、清潔人員等，在此忙碌的進出穿梭；這是充滿歷史與故事的市場，更是全臺灣最重要的蔬果拍賣市場……」

但，五月十六日，造假訪談紀錄、像查案人員一般，三番兩頭往北農打探並威脅的市場處長許玄謀，在和王欣儀及汪志冰合開記者會後沒幾天，卻逕自

（或有人授意？）捨棄掉「新方案」，改以公文提出「市府（原韓國瑜）方案」。

還記得二〇一七年九月二十二日的會議紀錄嗎？

當時決議，「新方案（也就是吳音寧方案）」和「市府（原韓國瑜）方案」，兩方案「併進」，北農也趕在市府要求的期程以前提送了，照理說，應該要兩個方案「報府」裁決。

但是，怎麼了？竟然，一夕，全盤抹煞掉吳音寧帶領團隊一年多來的努力，回頭去採用舊版本？

那些往返的開會、實地的勘查、一遍又一遍，就各項細節討論，只因吳音寧身陷政治風暴，就不予採納了？

得知後，吳音寧雖然很生氣，但她沒有去「爆料」。她念茲在茲的，不是打倒誰，或讓誰難看，而是她由衷在乎，第一果菜市場的改建。她認為，事關重大，舊版本太多缺失，不能放任不管或因循苟且，她試圖盡可能的去推動，更符合現場作業需求的方案版本。

「至少，不要造成災難！」她曾對我說，若睜一隻眼，閉一隻眼，隨便之前市府（韓國瑜）的版本，就這樣通過了，那將是災難呀！

因此，縱使許玄謀「莫名其妙」（或有人授意？）在公文中，否決了一年來新討論出來的版本，她仍持續和市府工務局等單位溝通，也在五月十八日的董事會再次提出：

吳（音寧）：五月十六日市場處提送給新工處的工程需求，不是公司提出的主體工程需求，所以這兩個案子是有落差。要符合公司未來營運計畫，建議以公司提出的需求版本做規畫。

陳（景峻）：市場處再跟農產公司就未來發展需求詳細討論，報到市政府，雙首長會議的時候再做最後討論。

於是，北農再次向工務局表達市場處所提係舊方案，再次行文，再次修改舊方案，公文繼續往返，直到七月，第一果菜批發市場改建案，因之前漏做環評，必須重走環評階段，延宕了。

（柯市長想在選舉前開工剪綵的願望，也落空了。）

時序來到八月三十日，因為民進黨臺北市議員簡舒培，在臺北市議會市政總質詢時問到一市場改建的兩個版本：

簡：市長，你知不知道這個版本？

然後，新聞就「爆發」了！

她懂什麼東西

簡舒培議員在市政總質詢，語氣平緩的詢問柯文哲，「市長，你知不知道這個版本？」

沒想到柯文哲竟然回答，「我不需要知道這個版本。」

簡舒培議員質疑，市長也不知道這個版本，市府內部溝通程序出問題。

柯：臺北市政府這麼龐大的機構，而且還有很多的顧問公司，難道會搞不過一個……我都不好意思說，她懂什麼東西？

站在柯文哲身邊的市場處長許玄謀，產發局長林崇傑（後來加入柯文哲的民眾黨），工務局長彭振聲（後來陳景峻離職後兼任一段時間的北農董事長），以及當時北農的董事長陳景峻，也都紛紛護衛起「主子」來。

林崇傑：（北農）這個方案是要把停車場廢掉，停車場依法必須留設，在方案裡是把它廢掉的……

「廢掉」？林崇傑看過北農的方案嗎？若不是誤以為，那就是故意說謊。

市場處新聞稿指「北農版本少了一千兩百個停車位」——明明是「從一千八百五十個停車位減少到一千兩百個車位」，卻故意寫成「少了一千兩百個」；這是明顯的政治操作。

然後，一時間，網路上便充斥著，同樣錯誤的說法，柯粉們，更是力挺「偶像」，力罵吳音寧。甚至，一位傾柯文哲的民進黨市議員高嘉瑜，也跟著「風向」質疑吳音寧，她在電視談話節目中，也跟著市場處的說法，嘰哩呱啦踹一下吳音寧。我想，她若非不用功，便是投機成性，順風勢，刻意討好柯文哲，以及對吳音寧不友善的選民們。

必須費力的澄清，舉出事實反駁，才能「證明」北農版本，確切多少個停車位，而被糾正後，許玄謀輕描淡寫的「坦言」，喔，「新聞稿寫錯了！」——無須道歉！

民進黨的陳景峻也少不了在「護主」的行列中表態。

陳景峻：我講一個良心話……

（良心話？）

陳：這個版本，是她（吳音寧）請別人拿出來的，包括臺北農產公司內部都沒有討論……

陳：你說這是去年三月提出來的，這距離她上任才多少的時間？她怎麼搞得懂？而且市府的方案是很專業的，已經研究規畫好幾年了，我講的是良心話，因為我是身兼董事長，對於這個方案，我們都不知道，我是說這個方案在董事會內，公司內根本就沒有討論……

簡：董事長，這個方案是今年三月提出來的。

陳：對，是今年三月，而她是去年六月任職的。

質詢過程中，簡舒培議員忍不住回他：你為什麼在這邊胡說八道？

陳還辯稱：什麼胡說八道？我只是表示這個方案在公司裡面是沒有討論過，是總經理她自己提出來的版本，硬要臺北市政府吞下去……

簡：這個版本都送到臺北市政府過，都送到雙首長會議過……

陳景峻還說，新版本是吳音寧「找一群研究生寫出來的」——從二〇一七年八月起，北農公司就簽約委託的「臺大建築與城鄉研究發展基金會」的建築師團隊，經過一年多的協助，一下子變成董事長口中的「研究生」？媒體還因此追逐起建築師團隊，帶給建築師們困擾……

（陳景峻有道過歉嗎？）

備詢時（在一群男人的護衛中），柯文哲還惱羞成怒，轉移話題，竟對簡舒培議員嗆聲說：那你是指控我貪汙嗎？接連著說：你是指控我們貪汙，是不是？

沒有人指控他貪汙，他自己採用下標式的回答，把指控的罪名安裝到別人身上，不願就事實——到底哪個方案比較適合——來討論，而是用一兩句話，把焦點（把可能的新聞標題）轉移，看起來是柯文哲一貫的應對方式。

之後（二〇一九年）在簡舒培議員質詢他大巨蛋的問題時，他也一樣，不肯實質答覆，而是對簡議員嗆聲，轉移的說，你是竊聽嗎？

柯文哲這種，透過罵別人，轉移、扭曲事實的發言，在各種議題，都很常見；幾乎已經成為他固定的模式。

在當天質詢的最後，柯文哲忍不住「論輸贏」的又說：第一果菜市場改建案，是我們盯得很緊的政策工程，幾乎是整個市府都在注目重視的計畫，動員很多人，而且已經花了好幾年的時間設計、討論，也跟公會有不間斷的討論，在大家這麼長久的努力下，怎麼可能輸給她一個人呢？

然後，新聞報導，因為柯文哲的惱怒，嗆吳音寧「她懂什麼東西？」、「怎麼可能輸給她一個人？」而引來關注。好像突然之間，有兩個改建版本，像兩個人，一個是吳音寧，一個是柯文哲，在PK，在較勁。

爭取到空間

較勁的主場景，還是在臺北市議會，舞臺上，友柯議員徐世勳趕緊登場。

徐：為什麼這麼重要的案子，每個月開一次的雙首長會議，吳總經理長時間來只出席一次？真的有重視嗎？

（試圖把焦點轉向，吳音寧不去備詢，也沒有去開會）

然後，產發局長林崇傑出場了。

林：本府從一〇四年十二月開始召開雙首長會議，每個月召開會議，吳總經理都沒有來參加，即使其他會議也有邀請四大公司總經理與會的時候，也只有吳總經理沒有參加。

而柯文哲仍重複著，不太可能整個市府的規畫，會輸給吳一個人。

「都沒有來參加？」

「只有吳總經理沒有參加？」林崇傑竟敢在備詢臺上如此說謊，或者，官員們說謊已是常態？

因為吳音寧不再去議會，記者帶著問題，前往另一個場景，位於北農公司的總經理辦公室門口。

九月五日，吳音寧在北農召開記者會，表示她有沒有去開會，會議都有會議紀錄，她並未回應柯市長的嗆聲，仍然強調一市場改建的政策面。

但柯文哲卻因為她在臉書上傳「日本福岡大同青果市場考察報告」，就又發脾氣了，對著鏡頭說，「太離譜，不要用體制外的行為模式在做事，我實在受不了這件事。」

僅是上傳二〇一七年北農赴日考察的報告，既不是網路上要求公布的市府方案，也不是北農新方案，柯市長就「受不了」了？

他曾經強調的「公開透明」呢？他自己在「體制外」，嗆中央政府的新聞還會少嗎？

針對吳音寧說有開會紀錄一事，他則生氣的表示，「拿出來看啊！」（市府召開的會議，市長自己不去查，卻竟然要別人「拿出來看啊」）。

柯文哲：「我實在太火大了，太過分了，搞什麼鬼，我要開始發脾氣了……」

然後，媒體聚焦於（如豆的一點），吳音寧到底，有沒有去開過會，開過幾次會議？

這些，不是稍微查證就可以得知的事實嗎？但事實，要在臺灣社會呈現出來，已經需要經過艱難的過程；一年來，開過的那些會（不包括會議外往返討論），卻可能因為某些人，為了「政治攻防」在鏡頭前公然說謊，而被淹沒了、石沉大海……。

在改建事件中，因為有民進黨臺北市議員，包括，當時的黨團總召李慶鋒等人出面，幫忙調資料，列舉吳音寧親自開會的次數，才得以「證明」，她真的，有去開會。

也因為這些「證據」，林崇傑才「改口」，「是，她有去開會」（過去吳音寧去開會時，和他曾在同一個會議上的那些記憶，他突然想起來了？）。

但隔天（九月六日）柯文哲還是忍不住又罵了。

在民進黨臺北市議員洪健益——洪健益也是彰化人——質詢時，洪健益問臺北市政府工務局副局長張郁慧（也是臺北市政府派的北農董事），「有沒有針對北農改建的事情去找過吳音寧？」

張：有的。

洪：你和她討論過幾次？

張：至少討論了三次以上。

洪：市長，這是我幫你整理出來的資料。雙首長會議、市長室會議、產發局會議、蔬果公會改建說明會等等的開會日期。包括張郁慧數次拜訪吳音寧溝通，代表前前後後她都有來開會。市長，是你下面的人給你錯誤的訊息，或是什麼原因？

柯文哲答不出來，又轉移焦點了，他說：事情是這樣，如果你有意見，不要在臉書上發文，我最討厭這樣……

洪健益又問：市長，你說她不懂，你說人家沒有開過會，那麼請問市長，針對這個部分，你說她沒有來開會，包括你們新聞稿也改了三次，什麼少了一千兩百個停車位等等，這個部分，你認為有必要道歉嗎？

柯：我為什麼需要跟她道歉？我靠。

洪：市長，你罵髒話。

柯：什麼？

洪：你剛才有罵髒話，這樣子不好。

柯：我是說她不來備詢，變成我站在這裡被罵，真的是頭大。

洪：那個是口頭禪，對不對？沒有惡意吧？

柯：沒有啦。

柯：我剛才講什麼？

林洲民局長：「我靠」。

柯：如果講髒話要道歉，真倒楣。

就這樣，直到九月十日雙首長會議，吳音寧與臺北市政府，在鏡頭裡，「正面交鋒」，終於，臺北市政府有鑑於輿論風向，採納了北農（吳音寧所提的）新版本。

縱使音寧因此傷痕累累，但我看到她在媒體上說，她覺得很欣慰。畢竟，改建的事，她努力一年多了。

在重讀這些文件之際，我發現，公務系統的龐雜，公文往返，關鍵往往暗藏在細節當中；若非十分有耐性，很容易被消磨，很容易因循。但音寧發現原方案有問題後，沒有置之不理，沒有視而不見，而是鍥而不捨的提醒、建議、並重新規畫，再加上過程中，不少人的幫忙與協助，才讓事情有了轉機。

大概也因為她對第一果菜批發市場有愛吧，才讓她，像陳嘉宏專欄〈柯文哲為何聽到吳音寧就抓狂〉一文中寫道，面對龐大的市府機器，「像對抗巨人哥利亞的大衛，甚而是略帶傻氣的唐吉軻德」，終於，為北農第一果菜市場未來的營運，爭取到她認為至關重要的空間基礎。

不向謊言低頭

「北農總經理上任以來風波不斷」、「吳音寧上任後爭議不斷」……。很多媒體的報導、評論，常以此作為開場，成為「起始句」；但，不斷被汙衊，叫做「爭議不斷」嗎？

一一二四九合一選舉，民進黨慘敗，檢討、反省、追究責任的聲浪四起，蔡英文辭去黨主席、行政院將總辭、改組，人事大變動，吳音寧不能倖免。

二〇一八年十一月二十九日，報紙報導：農委會主委林聰賢昨在立院表示，吳音寧的「階段性任務已經完成」，暗示吳音寧去職已成定局。

另外，「據了解，農委會內部有展開勸退，希望吳音寧自動請辭，但吳本人堅持由董事會決定。」

吳音寧確實拒絕主動請辭的「建議」，不是戀棧權位，而是必須表明態度。她在董事會召開前的當天上午，接受記者訪問，堅定的說：「不會向不實的謊言低頭，尤其不能向強勢的謊言低頭。」她會「堅持理念，永不放棄，不管我們在怎樣的位子，對於挑戰就是盡力去克服」。

她也說到，過去她認為北農不用誇大宣傳，面對問題就解決，相信北農一直在進步，朝向比較健全的制度化……。可惜有太多造謠與炒作，不只攻擊她，也攻擊農委會副主委陳吉仲、總統蔡英文。

（而今回顧起來更清楚了，當時特定媒體操作將吳音寧等同於蔡英文，攻擊吳音寧的主要目的，其實是要攻擊蔡英文。）

吳音寧強調，許多造謠與攻擊，無助於臺灣農業的進步，自己去留，其實不重要，就交由董事會決定。

當天下午二點，北農召開董事會，由農委會推派的董事，以臨時動議提出總經理人事案，會中通過將吳音寧解職，即日生效，不留任何時間。與會人士透露，雖然現場有董事認為，可讓吳音寧暫時留任，等有了新人選再討論，但提議不被採納；也有董事怨嘆，其實吳音寧做得不錯，但後來北農逐漸淪為政治鬥爭場域，才不得不處理人事案。

陳吉仲副主委受訪時，語帶哽咽強調：挺她，不讓她被非專業糟踏。外界能更客觀檢視她在北農所做的貢獻，所以農委會才提出解任案。

陳吉仲說，農委會和他自己，都很肯定吳音寧過去的專業表現，包括臺北第一果菜批發市場改建案，建立農產品檢測用高規格化學法、人事進用不再由總經理私自決定、開拓外銷市場如帛琉、還親自到產地促銷……。

「外界好奇吳音寧不自己請辭，陳吉仲指出，這是吳的個性和堅持的原則，她想捍衛核心價值，我完全認同她的堅持。」

陳吉仲表示，「希望還吳音寧公道」。

然而，公道在哪裡？如何還？

那些指控吳音寧的市議員、那些誣陷吳音寧未出席市政會議，作偽證的市政府官員，竄改訪談紀錄、造假的市場處長，不懂公司法、違法派政風處去查帳的柯文哲，那些興風作浪、罔顧事實的扭曲報導、尖酸「評論」的媒體、名嘴、網紅等攻擊手，至今都沒事，不必道歉、沒人追究，反而是一再遭受汙衊、圍毆的人，成為「麻煩人物」，多次被「討論」何時下臺，選後政治考量「清理戰場」，第一批斷然被「清理」。

柯文哲選後囂張的說，要民進黨交出「戰犯」才能談「合作」。雖然不一定是指吳音寧，但什麼是「戰犯」？誰是誰的「戰犯」？

有民進黨資深政治工作者，語重心長而無奈的說：那麼多人「請辭」，難道他們有犯什麼錯嗎？做政治誰沒有委屈？意思是吳音寧「被請辭」，應該順應政治現實。

是嗎？是嗎？應該是吧！問題是，吳音寧在乎的，不是個人去留，而是堅持，大是大非、社會亂象的深入探討呀！

戰鬥的方式

農委會主委林聰賢曾說，吳音寧過去在地方務農，也有生產合作社和生產輔導等經驗，這是農委會當時同意由她出任總經理的原因，但他要提醒吳音寧，「對外溝通應加強」。

十一月三十日，《自由時報》的專欄文章〈權鬥下的犧牲品〉提到，「北農從來不是個單純的農產運銷公司，這裡肩負著農民生計的市場需求，也盤據著各方利益，長期為特定勢力把持，盤根錯節。要做好北農總經理，不僅僅只是有愛農民的心、挺農民的專業、不計小我的衝勁就可以，更需要智慧與溝通。」

十二月一日，《蘋果日報》的「蘋論」評論到，「吳音寧下臺，她該反省的是，她為自己政策做的溝通、辯論、說服工作不夠，而不是她的改革是錯的。」

柯文哲（二〇一八年六月五日）答覆市議員質詢也曾說：北農公司內部實在複雜，她沒有辦法應付這種複雜環境，不是她不適合這個位置，而是這種環境複雜程度就像是虎豹獅象混雜，有時候為人很正直真的不行。

綜合這些對吳音寧的意見，有一項「共識」：和社會的「溝通」不足。這大概是她被迫下臺，應該自我檢討的地方吧。

她在被解職當天的記者會曾表示，過去她主張北農不用誇大宣傳，面對問題就解決。

「不用誇大宣傳」，是她的態度；也是她的「致命傷」所在。

和臺灣很多機構一樣，北農四十多年，習慣因循，累積太多「老舊的」沉痾。她想做的改革太多，但她不透過揭露「前朝」弊端，不藉由公開批評前任總經理來做對比，來宣揚自己的「政績」。

面對一波又一波詆毀，她說明了、澄清了，便不願再捲入「沒完沒了」的

「政治口水攻防」，越捲越大，也不願花錢花心思——不管是透過電視臺或網路等媒介——去「回擊」，陷入二元對立的設定當中。

她不是不戰鬥，我認為，她是以她的方式在戰鬥。

在她被解職後，我最不能理解的觀點是，聽到某位親民進黨名嘴，竟責怪吳音寧，說她的職位是「政治任命」，卻「不為自己的政策辯護」？

什麼叫做「政治任命」？對我而言，是很新鮮的辭彙，而政治任命，就得「政治戰鬥」嗎？

為誰，政治戰鬥？怎麼戰鬥？不斷上電視談話性節目說話，不斷曝光，就是「戰鬥」嗎？堅守是非，認真做事，負責任把事情做好，難道不是戰鬥？何況，哪件事，她沒有出面說明、澄清？

在二〇一八年六月九日，《報橘》主筆室有篇文章，就提到，「吳音寧的確不擅長面對鏡頭，也不擅長和議員在議場上唇槍周旋，然而，遭受整個社會的凌遲對待，她仍不選擇離職，理由也很清楚。」恰如她在接受《民報》專訪時說：「唯有你學得奸巧、權謀、權術，然後八面玲瓏的應對政治語言，才能在臺灣的政治領域裡面去參與公共事務，那我們臺灣不是很可悲嗎？」

「人民到底希望什麼樣的政治人物？我們人民希望的是實質做事情的政治人物？還是希望一個懂得權術、八面玲瓏、會設計人的政治人物？」

「吳音寧說，臺灣的政治應該要有空間，允許更多不太熟稔政治運作的人，可以在這個空間裡面做實事，臺灣社會才有可能進步。」

雖然，一一二四選舉，結果是擅長表演、很懂話術、不負責任、隨口唬爛的政治人物，如前任韓總經理，大受人民歡迎；實質做事情的吳音寧，卻抵擋不住「輿論汙染戰」，被迫下臺。但我相信，吳音寧堅毅的戰鬥過；時間會證明。

資政虛名

古代人有三大殺身之禍：殺父之仇、奪妻之恨、擋人財路。在現代社會中，前二項似乎已「淡化」，唯第三項仍「不共戴天」。

「反年改人士」最初對我的攻擊，起因於二〇一六年民進黨重返執政，大力推動各項改革，包括軍公教人員退休年金制度。身為公教退休人員，我發表了一篇散文〈失栽培〉，針對十八％制度的時空背景、來龍去脈，有詳盡的敘述，基本上表達了知足惜福、支持改革的意見，我的議論自信還算持平。

問題出在一家周刊雜誌（《商業周刊》），製作年金改革專輯時，看到我這一篇文章，專程來我家採訪我。我闡述退休之後「返老還童」，只需要「零用錢」的生活態度。這篇專訪卻如此下標題，「每月六萬多將變三萬多，仍挺年金改革，但你不須再拚財富了。」更糟糕的是，某家電子媒體為了聳動，標題竟改為，「退休十七年，領了一千多萬元；退休教師挺年金改革：我領太多了，都花不完。」

典型的標題殺人！我哪有說過這樣的話？

整個訪談過程中，我未說過任何數字。我闡述「返老還童」的退休生活態度，不需要「拚經濟」、只需「零用錢」，只是說我的「零用錢」很多。

「錢」很多，和「零用錢」很多，代表的意義差別太大了。「很多」和「太多」，表達的意思也不同。

正是這一則添醬加醋、甚至扭曲原意的電子媒體新聞，聳動的標題，在網路散布、流傳，為我「惹禍上身」，招來許多反年改人士的酸言酸語、惡言惡語，還有近乎宣洩仇恨的造謠，對我誣衊、攻擊，殃及我女兒。許多侮辱的語言，真難相信是出自「斯文」之士，更對我的生活產生影響。

二〇一八年五月十六日，彰化縣政府舉辦「全縣中小學校長研習會」，安排我一場演講，講題是「校園綠化——如何種樹、種什麼樹」。演講前三天，主辦單位施校長打電話給我：聽說有反年改人士，揚言將發動去現場包圍、抗議、拉布條，已公開在號召，問我有沒有考慮取消演講？

我原本就有暈眩宿疾，有多位文學好友見過我因太激動而發作的情況，接到電話聽著聽著，一股氣憤湧上來，忽然發作，天旋地轉，接著不斷嘔吐、頭疼欲裂，這是我多年來最痛苦、最嚴重的一次暈眩。

休息了幾個小時，漸漸平息，我打電話給副縣長林明裕，確認什麼狀況，他說其實只是少數人，不

純園其實是自然生態教育園地，而非謠傳所言為招待所。

用擔心，他尊重我的決定，如果要去講，他會連繫警力，做好維安。

黃鄉長和吳音寧，得知這個訊息，都反對我去講，他們說：你以為那是講道理的場面嗎？你難道不知道會有很多媒體，他們將怎樣報導？你以為某些特定媒體，會播報你「講道理」的畫面嗎？還是會不斷重複播出反年改人士的標語、嗆聲？你受的教訓還不夠嗎？

我是多麼希望與校長們分享種樹心得啊！但考量結果，我還是屈服、放棄，只好變通辦法，約施校長見面，將講義、隨身碟（投影片）交給他，並大致說明我要講的觀念，請他「代講」。

但對我生活產生影響的不只這一件事。二〇一八年三月十六日，我收到一位同鄉、昔日學生（目前擔任法官）的太太，傳給我一則網文：

「可能您們對於吳晟的背景了解還不夠，還替他擔心他的退休金也被砍半，家裡怎麼去過活？那您們就太不了解他了！吳晟本名吳勝雄，彰化縣溪州鄉人，屏東農專畢業（他非師範學校畢業），今年七十四歲，他曾任北斗國中生物科教師，二〇〇〇年即五十五歲退休。他早期就加入民進黨，在溪州老家蓋了一座很漂亮的莊園，叫純園，專門用來接待賓客。民進黨的大老包含蔡英文都在此莊園接受招待或開會。其大舅子莊秋雄曾任臺獨聯盟美國本部主席。在年金改革時，他當然很勇敢的站出來幫民進黨做偽證，還刊登專文來洗腦民眾，表示他領得退休金太多了，不合理。他這樣公開替民進黨的年金改革站臺聲援作證，就造成農勞工族群及一般民眾的忌妒與不滿，再加上立法院超過三分之二民進黨立法委員的強力表決運作，就毫不費吹灰之力通過了違反憲法的公教退休年金砍半的法案。蔡英文為了酬庸他的作偽證，一舉打垮了二、三十萬公教退休人員的遊行示威抗議，就聘任他為有給職的國策顧問，月領三十五萬元的薪資（即年薪四百二十萬元），而且也透過農委會的運作，指派他女兒吳音寧擔任北農公司總經理，年薪兩百五十萬元，另加兩百萬元的公關交際費，合計年薪高達四百五十萬元。合計父女兩人一年薪資就可以爽領到八百七十萬元。您們說這種投資報酬率特高吧！」

我兒子查出這篇「網文」的原始出處，是境外（中國）網頁的「內容農場」，聽說流傳很廣，尤其是公教退休人員的群組，很多人依據這篇網文攻擊我。這位學生的太太，為我憤憤不平。因為，在這篇五百字左右的「網文」內，充斥太多錯誤訊息：

1.我一九七一年返鄉任教溪州國中，以迄二〇〇〇年二月退休，從未任職北斗國中。

2.我從未加入民進黨，不是民進黨員。

3.我們家兩公頃的「純園」，二〇〇一年起，種植約三千棵臺灣原生樹木，是開放式自然生態園區，沒有圍牆、大門，園區內培育盆苗（以毛柿為主），免費供人索取，積極推廣臺灣原生樹木。二〇一四年申請核准，蓋了一間二、三十坪農舍，一直是鄰近農民鄉親聚會泡茶的場所，直到二〇一八年，交給基石華德福自學園無償使用，從來不是什麼「專門用來接待賓客」的漂亮「莊園」。

4.我太太的二哥莊秋雄，臺大土木系畢業，一九六六年申請到獎學金赴美留學，不久被列入黑名單，長達二十多年歸不得故鄉。一九九〇年闖關回國，被強制驅離遣返；一九九二年最後一批黑名單解除，才得以回國，從未擔任任何政府相關部門職位，有什麼權勢？

5.我是總統府資政，不是國策顧問。二〇一〇年九月，立法院三讀通過，《總統府組織法》第十五條修正案：「資政不得逾三十人，由總統遴聘之，均為無給職，聘期不得逾越總統任期，對於國家大計，得向總統提供意見，並備諮詢。」

資政、國策顧問，社會大眾大都分不清，但明文規定，很容易查清楚，均為「無給職」，何來「月領三十五萬元」？我必須透露，我數次去總統府開會、建言，去參加任何餐會、聯誼會、既無出席費，也沒有交通費可領。

有些文友，停留在陳水扁時代的印象，即資政和國策顧問「一半有給職、一半無給職」。事實上，據我所知，因民進黨立委段宜康提議，二〇〇六年即已取消有給職，一律改為「無給職」。

6.總統府資政聘任，是在二〇一六年十一月，而我表達對年金改革看法的文章〈失栽培〉，發表於二〇一七年二月《自由時報》副刊；《商業周刊》的訪談，是在二〇一七年四月，都晚於資政聘任，如何事先「酬庸」？我的文章、我的訪談中，依據事實，敘述十八％的時代背景，有哪一句「作偽證」？反而「網文」中說年改「退休金砍半」，才是誇大其詞吧！

7. 我被徵詢擔任資政，完全意外，接到總統府電話，甚為訝異，怎麼會找我？猶豫多日，一、我夠資格嗎？二、我要進入體制內，還是維持「在野」身分，比較能發揮對社會的影響力？

總統府當時的副祕書長姚人多，親自來我家，我提出這兩大猶豫，反覆商談，我終而被說服，而接受的最大原因（或者說唯一原因），是「貪圖」有這身分，可以直接向「高層」建言的管道。

我本就對社會懷抱甚多願景，期待實踐，而我向來沒有「革命精神」，以往參與社會運動，充其量只是「體制內改革者」，更何況，蔡英文是我支持的總統，如果不須經由抗爭而是循求建言，就可以改變我關心的政策，為何不接受？

雖然，這二年多來，多番奔波建言，更深入經驗到「體制內」每一項決策，有太多複雜牽扯，而我著實太「一廂情願」。

若論名位，我要直率的說，哪有比「詩人」更重要的名位？

8.據我揣測，我被「看重」，大概有幾個背景：

其一，循「往例」，資政或國策顧問，至少有一位「德高望重」的作家、文化人。陳水扁時代資政是鍾肇政、國策顧問是李喬、葉石濤；但時隔八年，葉老已離世、鍾老年事已高、李喬什麼原因我不清楚，總之，堅持臺灣主體意識的作家，我的輩分升級為老字輩。

其二，我不諱言，我和蔡英文相識多年、多次會面晤談，彼此有一定程度的了解及信賴。

其三，我從七〇年代參與臺灣民主運動，支持基本政治理念相同的「黨外」人士，綠營候選人，堅守臺灣立場、民主價值，未曾改變。我熟識多位目前檯面上的民進黨政治人物，但從未有什麼「權力」。

我在六〇年代的學生時期，因為好發議論，曾被情治單位搜索、調查，幸賴好心警察和學校老師保護才沒事。七〇年代乃至八〇年代，威權體制，戒嚴時期，我身為國中教師，秉持民主信念，公開為「黨外」候選人站臺助講，製作文宣兼募款、捐款（我戲稱三合一助選員），承受很大壓力。一九八〇年，美國愛荷華大學國際作家工作坊邀我去訪問，因「人二室」的「安全資料」上被標註「思想有問題」，留職停薪的出國手續，備受刁難，每一關都好運，遇到有力人士出面幫忙，才得以成行。

我一輩子定居鄉間，安分教書、耕作，儉樸過日，不包工程、不做生意、不出國旅遊；依靠薪水和微薄稿費，為公共事務奔波，沒有回報，不求任何職位。中國「網文」所說，我長年的「投資」、「特高報酬率」，晚年這份「資政頭銜」，對我而言，根本只是「無給職」、「無實權」、無任何用處的虛名。

《中國時報》與《聯合報》

我從年少學習寫作，六十年來，對文字十分敬謹，不輕率下筆；倉頡造字、鬼哭神號，有其深意。我去過臺灣多處書院，看到「敬字亭」，總會默默膜拜一番，一直信奉不誠無物、不實無理，絕不說假話；期許自己任何見解、任何立場，一定要依據事實去議論。

史識，必須建立在史實之上。我相信，大部分從事文字工作者，和我有相同的信仰。但很遺憾、很感慨、很悲傷的是，媒體，傳播資訊，擔負大眾知的權利，本應秉持事實報導，這是最起碼的態度，卻淪落至如此匆促潦草、扭曲錯亂的「新聞」製造業。

電視等電子媒體的惡質現象，已有不少檢討；網路及社群媒體等亂象，對我而言太過複雜。我比較熟悉的是紙本平面媒體，僅就曾經是兩大主流報紙來舉例。

其一是《聯合報》。

從一九七七年八月，瘂弦老師接任聯合副刊主編，再到陳義芝、宇文正，四十年來，我的文學作品大半發表在聯副，自有一份親切情感。就我每天剪報，閱讀觀察，二〇一八年三月以來，《聯合報》彰化地方記者，熟悉我們家情況，處理「北農風雲」新聞，大致上都還持平、客觀。但臺北匿名的「社論」和小方塊「黑白集」等評論，卻不時牽扯吳音寧，酸之、諷之、貶之，操弄似是而非的時事評論，以遂其攻擊蔡英文政府的政治目的。

例如，將毫不相關的姓吳的人扯在一起，只為了「創造」毫無根據且格調低劣的「吳三桂」（吳三跪）之說。又例如，三月三十一日「黑白集」有一小段話，「吳音寧平步青雲，從月薪二萬元變成二十萬元……」。刻意貶低吳音寧，論述什麼「相對剝奪感」，挑動年輕人的仇恨。

月薪二萬元？吳音寧從東吳大學法律系畢業後，第一份工作，是擔任報社編輯，當時月薪三萬多。接任北農總經理之前，擔任溪州鄉公所祕書長達六、七年，試問，這些職務月薪只有二萬元嗎？

低薪並不可恥，是給予低薪的社會環境，需要檢討。《聯合報》所寫的「月薪二萬元」，可能源於吳音寧剛進入溪州鄉公所時，因為我反對她直接取代，前任鄉長的祕書，而她又把薪資相對高的職務，給需要的年輕人，因此在之前的祕書退休前一年多的時間，她便領著臨時人員的薪資（當時是一萬七千二百八十元）做著公所祕書的工作；金錢，對她來說，從來不是重點。

但這些事，在當時的氛圍中，根本難以解釋。縱使吳音寧出面解釋，她何時做什麼工作，領多少錢，那些關於她的毀謗，就會停止嗎？更何況（除了浮動的獎金外）北農總經理的薪水，誰當都一樣，竟是值得公眾「議論」數月？甚至在吳音寧說出自己月薪十四萬元時，還有議員（戴錫欽）、網紅「改口」酸說：喔！不是兩百五十萬，是兩百四十八萬！繼續炒作。

七月二十七日「黑白集」還有一篇名為〈吳音寧拗出好身價〉的評論，寫到：「吳音寧的北農大戲，已經讓人看不下去的地步。但靠著總統和中央大員的『厚愛』，她仍好整以暇地坐在那裡，而且身價越抬越高。原來她是兩百五十萬年薪，但因為她拒絕備詢，逼得北市府出價四千三百萬元要買回農委會的股權，身價呈二十倍成長。」

身價呈二十倍成長？什麼身價？誰的身價？臺北市政府的胡亂「叫價」（政治話術），和吳音寧的「身價」有何關連？如此「硬拗」的、「黑白講」的邏輯，有人「看得下去」嗎？可否，請這幾篇專欄的作者（也許相識），具名，出面說明。

其二是《中國時報》。

數十年來，我的文學作品也常在〈人間副刊〉發表，最後一篇是在副刊主編簡白離職之前，此後不再投稿。只因這個媒體的風格，改變得實在太「驚悚」，稍有新聞倫理的文化人都難以接受。

我不多作評述。但有一個故事，我一定要講。

本鄉有一位《中國時報》資深記者鐘武達，是我任教國中、擔任三年導師的班上學生，頗有文采，就讀世新畢業；進入新聞界後，也和我一直維持密切關係。我們既是師生亦是好友，可以說我看著他長大，他看著我變老，我的為人處世，他非常清楚。

二〇一八年六月六日，《中國時報》有一則「綜合報導」，又藉題攻擊我和吳音寧，鐘武達列名在採訪記者群當中。

我詢問鐘武達什麼情況？他很尷尬，苦笑解釋：「報社要求我只負責寫老師和音寧的簡介，不知道他們會這樣處理。」

我開玩笑說：「以後文學史如果查到這一段新聞報導，大概會成為公案。和吳晟情同父子的鐘武達記者，是忘恩負義、賣師求榮呢？還是盡忠職守、大義滅親？」

我們倆都很無奈。此後，牽連我和音寧的新聞，鐘武達都迴避。直到二〇一八年十一月十六日，因為「事件」發生地點在本鄉溪州，他不能拒絕採訪。

本鄉一百多公頃的溪州公園，花博區內有一棟展示館，只在每年農曆年節期間，彰化縣政府在此舉辦「花在彰化」活動，才派上用場，平時就是所謂的

「蚊子館」。

我和彰化縣文化局局長陳文彬導演，和繼任局長周馥儀，積極推動「臺灣農村文學館」，審慎評估，選定這裡作為館址。一則活化閒置空間，不需要再增水泥建設；二則周邊環境寬闊優美、潛力無限；三則溪州公園鄰近濁水溪，而濁水溪是彰化縣、雲林縣最重要的農業灌溉流域，也是孕育人文底蘊的母親之河。

這將是全國第一座，也是目前唯一、以農村為主題的文學館，具有多重意義，獲得文化部重視。十一月十六日，是臺灣農村文學館願景啟動儀式，這是文學盛事，多家平面媒體、電子媒體來到現場採訪。

鍾武達寫了一篇報導：

「彰化縣的農業孕育出豐厚的農村文學，鄉土作家吳晟催生的臺灣農村文學館，將在全國最大平地森林溪州公園生根，蔡英文總統、文化部長鄭麗君與縣長魏明谷，十六日與數十名文學界人士一起為臺灣農村文學館願景主持啟動儀式，也為臺灣的農村文學史寫下新頁。

魏明谷表示，農業是彰化立縣重要根基，彰化重要的作家包括賴和、陳虛谷、楊守愚、洪醒夫、吳晟、林雙不、宋澤萊等，為推廣臺灣農村文學，縣府特別向文化部爭取經費，整建活化溪州公園部分場館為全國唯一的臺灣農村文學館，除了展現臺灣農村文學的經典作品，珍貴的農村文化，更要營造為臺灣文學交流平臺，讓國際看到臺灣文學的獨特內涵。

蔡英文說，溪州公園面積是臺北大安森林的四．七倍，這裡還有全國唯一的『臺灣農村文學館』，真的很羨慕彰化。」

我在《中時電子報》看到這篇報導，四平八穩，十分平實。然而隔天（十一月十七日）的紙本報紙，《中國時報》A3版頭條，卻刊出記者陳界良的「彰化報導」（請問他有來採訪嗎？），標題竟然是，「韓流幕後推手，吳晟現身挺綠」。

小標：「吳音寧掌北農、被譏靠爸」、「韓被擠走南下、造就旋風」。「吳音寧毫無農業經營經驗就獲聘北農總經理，輿論更一片罵聲，直批是民進黨酬庸，還被諷是兩百五十萬元年薪的實習生。」

這是「新聞報導」嗎？

臺灣農村文學館的啟動，也可以胡扯什麼韓流，胡扯到吳音寧身上，實在是……，看了這則「新聞」，我不知道如何陳述我的心情：這是什麼報社？什麼編輯？什麼記者啊？

我詢問鐘武達是怎麼一回事，鐘武達敘述過程：

「報社主管對我寫的報導很不滿意，三番兩次逼迫我要直接批判老師為綠站臺，我不從。理由是，一、文不對題；二、我告訴上級說，如果吳晟有什麼作奸犯科、不法行為，即使我是他的學生，也會秉持著吾愛吾師吾更愛真理的精神，真實報導，但他沒有呀！」

報社主管威脅他說：別忘了你是領誰的錢？

鐘武達回應：你們這樣逼迫我攻擊我老師父女，陷我於不義，已經近乎沒有人性，那我年底就申請退休好了。

於是，他在年底辦理退休、離職，並在臉書寫到：「記者可以不當，但不能不做人。」

我對柯文哲的看法

二〇一四年，柯文哲要以無黨籍身分，競選臺北市長，希望民進黨禮讓時，說實在話，當時我對他這個人，沒有什麼好感，也曾跟一些民進黨內人士，表示過我的看法。二〇一七年六月底，我一度感謝他，賞識吳音寧，但是，不出幾個月，越聽他的言行，越覺得當初的直覺沒有錯。

他習慣推諉、卸責、撇清，以吳音寧的事件為例，分明是他同意的總經理人選，卻老是對外表示，人是農委會硬塞的；在臺北市議會備詢期間，身為吳音寧長官的他，本可就事實稍稍澄清，那些莫須有的罪名，或許便難以成形，但他卻把吳音寧往砲口推。

二〇一九年六月二十二日，我在一則電視新聞中，聽到柯文哲回應記者時說，他也認為，國民黨議員、國民黨媒體，對吳音寧的攻擊over了。

意思是：一、是國民黨打她的唷，和我無關；二、打得太超過了，國民黨不應該。

但柯文哲的臺北市政府，沒有配合民國黨、中國國民黨、以及所謂本土的臺聯黨議員，羞辱吳音寧嗎？

事後都把責任推得一乾二淨，彷彿他從沒要市府去北農查帳、從來沒有任由市場處造假資料、從沒罵過吳音寧？

作為一個領導者，他十分的搖擺，缺乏核心價值，更常透過一兩句，不是事實，但方便被操作成標題的語言，試圖帶風向——他最在意的，是他的民調，是民意大數據，是因應「輿論」，該做什麼樣的調整？該如何見風轉舵？

因此，他的發言，時常反覆，也常使用「假仙」（臺語）、雙面的手法；譬如在吳音寧事件上，一面好像維護吳音寧，一面配合臺北市議員演出，不時對吳音寧踹一腳，落井下石。

二〇一九年七月十六日，我看到他在媒體上批評別人「說謊成性」，並說

「人民對政府說謊也不會很在意」、「是整體國民水準的問題」……，他居然敢如此批評，他自己前言不對後語、自我打臉的謊話還少嗎？根本，罄竹難書啊！難不成，他認為「人民不在意政府說謊」，所以才敢胡言亂語成性?!

臺灣社會普遍重功利、輕人文，藐視品格，地方上殺人販毒地痞惡霸小混混……，再怎麼惡劣的「政治人物」，都有人「擁護」、跟隨。而柯文哲，作為政治人物，不管他位居什麼權位、有多少人氣聲量；不論他如何權謀、操弄「藍綠惡鬥」、與誰結盟，有多少人依附、靠攏，我都必須直率的指出，我打從心底，瞧不起他——。

瞧不起他搖搖擺擺、變來變去，只有算計、沒有是非；瞧不起他自恃高智商，耍弄嘴皮、含含糊糊、反反覆覆；瞧不起他平時好像口沒遮攔、氣燄高張，但面對中國官員，卻一副畢恭畢敬、拘謹有禮、戒慎恐懼的模樣，乖順照稿子念，唯恐說錯一句話；我更鄙夷他，刻薄寡情，糟蹋別人的尊嚴，當成「直白」。

在二〇一八年北農事件之後，他暴露出更多，令公眾看不下去的行為舉止與誇張言談，而我身為吳音寧的父親，至今不能釋懷，最不能諒解的是，在臺北市議會的備詢臺上，柯文哲作為臺北市長、許玄謀作為市場處處長、林崇傑作為產發局局長，站在吳音寧身邊，任由吳音寧一個人，被市議會的「挺韓好幫手」們咆哮，三個男人卻戲謔的竊笑著，笑得合不攏嘴，開心得笑彎了腰。

如果他的子女，遭受如此霸凌，他會有什麼心情？

學者徐世榮在二〇一八年九月七日為文批評：

「臺北市長柯文哲近日因『第一果菜市場改建案』版本，與北農總經理吳音寧數次交鋒，六日在市議會總質詢時，被議員洪建益要求『誤指吳未到市政府來開會一事道歉』，沒想到柯不但不願道歉，還爆粗口說：『我操，她不來備詢，害我在這裡被罵。』，還說『我真倒楣』。有權力的人真是好搖擺，就是可以在公開場合飆髒話，試問這是什麼樣的人格扭曲？臺灣社會的是非公道真是因柯文哲而崩壞。」

唉，不知政治攀附柯文哲的人，是怎樣「認同」、怎樣「定義」他這樣的人？

「市長夫人」的臉書

還是必須一提，在二〇一八年八月二十五日，柯文哲出版了一本「選舉書」，「市長夫人」於是洋洋自得在臉書貼文：

「人一生中可能有幾次轉換人生跑道的機會，社會接受不接受你跳到這個職位，還是取決於你過去的表現，想轉換跑道的人，想讓自己更上一層樓的人，都該謹記這點，才不會出現『兩百五十萬實習生』之譏……吵了一陣子的北農之亂，撇開政黨惡鬥不談，或許社會只是在問：『××，憑什麼？』」。

這一篇「教示」意味濃厚的臉書貼文，引來不少噓聲、抗議，「市長夫人」隨即再發一文：

「我前天的臉書只是順帶從雜誌封面想到這點，可能腦袋被之前的北農人事的爭議和政論節目給洗腦了，不小心引用別人的評論語詞，但聲明我不是刻意去引用或想貶低、嘲諷任何人，那段落不是前天臉書發文的主要目的……，倘若文章給被影射的人帶來困擾，我應該道歉……。」

好一句「不小心」、「不是刻意」，就可以輕輕帶過嗎？

短短二篇貼文，暴露不少不符事實、可議之處，我無意再批評，節錄其中幾個段落，是要「證明」，當時連「市長夫人」都坦承她對「被影射的人」的印象，並未多面去了解，而是「被『政論節目』給洗腦了」！（她都在看什麼樣的節目？）更何況廣泛民眾，怎不被日日觀看的特定媒體所「洗腦」？可見媒體的影響力有多深多廣，或者說，控制腦袋多麼可怕。

誰當導演？

從「李來希批吳音寧不在乎農民死活／大家開始懷念韓國瑜」（二〇一八年三月五日《中國時報》）開始，關於吳音寧和韓國瑜的「對比」，就一步一步在「形成」中⋯⋯。

吳音寧上《鄭知道了》節目時，面對鄭弘儀問她，為什麼抹黑攻擊一波又一波呢，當時她說，「也許這是一個有計畫性的⋯⋯」

鄭弘儀問：「有計畫性的？」

吳音寧沒有回答得很清楚，她當時身在其中，只是隱約感覺到奇怪，為什麼自己被「鎖定」？

不過，如今回首這些「往事」，對照一年多來，韓國瑜成為暴起的臺灣政治「奇才」，恍然，若有所悟啊！鎖定北農，處心積慮攻擊吳音寧，順勢帶領話題，凸顯前任韓總經理「賣菜郎」的正當、鮮明形象，這是非常精心的設計、非常高招的選戰謀略呀。

從休市風波的三月開始鋪陳，那不正是九合一選舉，候選人們，正要奮力起跑的時候嗎？四月韓國瑜宣布參選高雄市長，「挺韓好幫手」們——二〇一九年韓國瑜競選總統時的「議題」小組成員、「策略」小組成員——極盡所能的捏造「議題」，攻擊現任總經理，以達吹捧前任總經理的「策略」指示。而當時，柯文哲仍多次讚美韓國瑜，市長夫人也說，去過韓國瑜在雲林的家，如何又如何……，顯然兩人交情尚未不好，恰如當時柯市長和旺中集團的蔡衍明，交情應該也還沒有不好。

而飾演「攻擊手」的配角們，若只有臺北市議會的幾個議員，豈不是太單調無趣了?!以李來希為代表的反年改人士，旗幟又已經太鮮明，還有誰呢？對了，從攻擊吳音寧毫不手軟的雲林張派，推派出所謂的「菜農」，頻上電視談話性節目，擔綱「名嘴」的角色。

在二〇一九年六月，韓國瑜的「造勢大會」中，我赫然看到其中一位雲林的「菜農名嘴」出現在電視螢幕裡；果然，不出所料，就是爭相飾演「攻擊手」的眾多配角之一，目前也要出來參選立委了。

至於，這齣戲裡，韓國瑜的角色呢？

說什麼「世上苦人多」、扯什麼「庶民」，實則，坐擁違建豪華農舍、買賣七千多萬豪宅，經營家族企業維多利亞貴族學校……透過各種方式——包括選舉——攢錢「發大財」進他自己口袋內的韓國瑜，無疑，很會演。

從表情、手勢動作到語言，講話的「氣口」（臺語），類似臺灣農村廟口的「王祿仔仙」，也像直播節目裡，賣水晶球的直播主；「販賣廉價但是虛幻的夢想，誘惑人們掏出積蓄，購買他可以賺取暴利的開運水晶」（引自「打馬悍將粉絲團」）。

乍聽之下，很會推銷，但是探究其基本：事實？沒有。邏輯？沒有。謊言？充斥。鬥爭？隨口就來，背後更有中國的介入。

二〇一九年五月，網路流傳出「第四屆兩岸媒體人北京峰會」的影像，從中，我才發現，由旺中集團的蔡衍明領隊，包括TVBS、《工商時報》、《經濟日報》、《聯合報》、東森電視臺等代表都參與其中，「乖乖」聽中共中央政治局常委汪洋，呼籲在場媒體為中國統一貢獻心力。

如何「貢獻」呢？

回顧起來，二〇一八年（從三月到十一月底），不外乎，就是這些媒體，在力捧韓國瑜，在力打吳音寧。

而這齣戲裡，若沒有旺中集團（旗下的《中國時報》、《周刊王》、中天、中視等），若沒有TVBS、《工商時報》、《經濟日報》、《聯合報》、東森電視臺等，透過對準臺灣島嶼的「投射燈」，把韓國瑜的身影、韓國瑜的姿勢、韓國瑜的演出——剪接、音效、加大量的特效——放大再放大的傳播出去，其實，他本人，也不過是個販賣黨國意識、封建保守、歧視多元價值、不尊重人、花天酒地、唬弄說大話、不負責任、好鬥、常說謊、又沒什麼知識的傢伙罷了。

是的，連「韓導」都不是。

中國的一次操兵演練

二〇一九年六月一日到十四日，為期二個星期，吳音寧應美國ＦＡＰＡ（臺灣人公共事務協會）邀請，前往休士頓、紐奧良、華盛頓、紐澤西、紐約、密西根、加州橘郡等地進行巡迴演講，演講題目是「我在北農的日子」，其中有一段講到中國的介入，在此將她的講稿節錄如下：

「在口水大戰裡，一邊想要認真做事，一邊很大的困擾，當然是來自中天、《中時》、中視、ＴＶＢＳ等媒體，未免對我太感興趣了吧？

攝影機常常清晨五、六點就駐守在我辦公室外。我起床，磨咖啡豆，記者在門外就聽到了。有一次，我到一市場巡視，半夜三、四點電話響。那時候我已經不常接電話。可是半夜三、四點，我擔心會不會是朋友，臨時有困難，需要找我幫忙？因此，我把電話接起：

喂——

結果是中天記者。

要採訪什麼？

記者也不知道，就是上面交代，一定要拍到我的畫面。

當然，也包括狗仔隊的車子，跟蹤我，甚至到彰化溪州，逕自就闖入我鄰居家拍攝。不過因為左鄰右舍的阿公阿嬤，都說我的好話，那些畫面，便完全沒有上電視了。

為了不想讓熱度退燒，媒體、名嘴、網紅，持續製造議題，從各種細節處造假下手。

到底為什麼？當時瞄準我？

後來，我把時間序，抓出兩個點：

第一是我二〇一七年六月底一上任，接受《自由時報》採訪時便提到，北農有個國貿部，但是，過去，在網紅總經理的時代呢，在馬英九總統的時代呢，也作為和中國交易的部門。我說，和中國做農產品買賣，政治意涵大於實質的買賣。我上任後，便著手把國貿部整併，著重和日本貿易，以及開拓諸如帛琉等新的市場，不再與中國政治交易。

這，或許是個埋藏的導火線？

再來就是二〇一八年三月，休市事件那時候，也差不多是那位網紅，做新聞，準備宣布要競選高雄市長的時候。

選舉，要炒作什麼議題呢？

農業議題剛好很可以。

因為，有農村經驗的人，越來越少了。實際了解農村的人，更少了。剛好適合網紅、名嘴、再找一些好像農民，但實際上身分多元的人，上電視表演。演一齣「工農兵的戲碼」，好像在為農民發聲，實則，吹捧出網紅的所謂賣菜郎的形象。

這是一種刻意塑造的「投影」。

想想看，如果沒有《中國時報》、中天、中視等媒體，透過農業議題，以我為標的，極盡醜化執政黨，怎麼能夠同時，極盡的吹捧、吹噓，放大網紅的「賣菜郎」形象。

我們看見的，不是網紅這個人的實體，這個人，其實根本沒什麼——不少人說他不過是個「能撈就撈，能混則混」（再加「能騙則騙」）的小混混——可怕的，是傾中的媒體，誇大出來的，這個人的形象。

而這位網紅，和中國的接觸，絕對不是競選高雄市長之後。更早之前，在北農國貿部的時候，就埋下了線索（二〇一四年，他上任初期，從中國進口水果三十二點四噸，隔年增加為九十二點九噸，至二〇一六年八月底達到三百四十六點六噸，暴增十倍。反觀吳音寧上任後，未從中國進口水果，並裁撤國貿部）。綜觀來說，這些年來，中國共產黨在臺灣的布局，其所培植的代理人，已經很多元。不只透過媒體、透過網路、透過學術交流、透過貿易、透過各種團體，等等多方滲透。

在農村，尤其在人口流失，缺乏自主性的農村，更透過宮廟、學校、農會、農田水利會、地方民代、村鄰長聯誼會等管道，直接入侵。用一些小小的利益誘惑，像那位網紅所比喻的，去喝咖啡、看電影之類，收買人心也洗人腦。

多方管道，強力的掃射，我認為，北農事件，很可能是，中國更全面介入的一次操兵演習，而一一二四的選舉，也應驗了中國介入的績效……。

滿城盡是政治秀

在北農這場風暴中，我更大的憂慮，是此事件，赤裸裸暴露出臺灣農業，長年以來被當作政治鬥爭的工具在操作。

譬如菜價的波動，早在一九七〇年代，我就寫過多篇散文，真實描述吾鄉農民，我的厝邊鄰居，種植蘿蔔、高麗菜等作物，因價格低落到不符採收工資，而耕鋤，放任大家來採摘，至今仍常發生。有時這種蔬菜，有時那種水果，每每成為「在野黨」攻擊「執政黨」，「不顧農民死活」，煽動農民不滿情緒的火苗；「在野黨」只負責搧風點火，不必提出任何「建設性」方案，「執政黨」則忙於滅火，又是補助、又是推銷、又是鼓勵大家盡量吃……官員疲於應付，根本無暇或也無心，提出具體、長遠而完整的農業改革政策。

回顧吳音寧的「箭靶人生」，起因於北農連續休市三天，這小小風波，按照正常「新聞現象」，頂多炒個兩、三天，為什麼會掀起滔天巨浪，一波又一波沒完沒了？為什麼只針對吳音寧，而不是農產規畫、產銷制度等討論，或具體的改革方案？

至今果菜市場的休市制度，經過那樣數月的新聞，講得口沫橫飛後，有任何進步嗎？至於，吳音寧被迫離職後，北農董事長、總經理是誰？還有人在「關心」嗎？「在野黨」還是繼續炒作菜價如何如何，但是，不再和「北農」果菜批發市場有關，「箭頭」改直指農委會。

悲哀啊！臺灣農業、臺灣農民，作為政治鬥爭工具，何時了？

政治鬥爭，必須有媒體配合，或者說，媒體可操作政治鬥爭。

二〇一九年七月三十一日，《聯合報》Ａ３版全版報導「國安私菸案」，我忽然在右下角看到一行黑字標題為「藍：滿城盡是吳音寧」。趕緊看內容，原來是中國國民黨立院黨團，曾銘宗等幾位立委，召開記者會，抨擊私菸案，牽出華航什麼人事酬庸，又扯上吳音寧。

這時，吳音寧離開北農，回鄉寫作，深居簡出，已經八個月，中國國民黨籍立委的政治秀，仍不放過她。

我的第一直覺反應是：又來了！第二直覺反應更強烈：「滿城盡是吳音寧」？應是「滿城盡是假新聞」、「滿城盡是政治秀」才更恰當吧。

假新聞無盡氾濫。造謠即造業、造謠即造孽、毀人名節遭天譴……，而今社會，誰在乎這些「天理」？

為什麼不斷汙衊、攻擊有用？

我概略整理了以下幾點，提供給大家參考：

一、「媒體」氾濫的年代，社會大眾每天接收到的新聞何其多，事件何其多，大多是片片段段、一閃而過、留下印象，誰有那麼多「閒工夫」、誰有耐性持續留意，關注，抽絲剝繭去查證？

二、當社會大眾接收到造謠、扭曲、似是而非的資訊，無論是主流媒體或賴群組，第一時間的反應，通常是不自覺的「接受」，而不是「質疑」。

三、每個「事件」一發生，若有「爭議」，各說各話，不少人心煩，乾脆不看，尤其是「政治新聞」。有幾位文友告訴我，根本不想看，「不看比較清心」。但不看的同時也表示，不會花心思去了解「真相」。

四、謊言、假新聞製造者，特定目的、存心不良，刻意傳播的媒體，不可能發布「更正」新聞。平日接收「單一」訊息來源的民眾，根本少有機會接觸到其他「事實」。譬如，只看中天電視臺的民眾，先入為主的觀念，要如何改變？

五、裝睡的人叫不醒。若偏執已深，再多的澄清，也聽不進去，或根本不想聽。因「偏見」已經形成，「新聞」各取所需，很難改變，於是「信者恆信，不信者恆不信」。這也是謠言製造者「食髓知味」所依據的「大眾心理學」。

六、社會大眾喜歡看戲，看政治人物演戲，也像在看連續劇，尤其，現實的戲劇張力，往往更衝擊，更吸引人。

於是，「滿城盡是假新聞」呀！「滿城盡是政治秀」！

再版後記

關於北農風雲這齣戲

年輕學者陳方隅曾寫過一篇文章，標題為「江湖在這裡：吳音寧和北農，是媒體及政客的照妖鏡」。

北農這齣戲，無疑情節曲折，戲劇張力十足，也照出不少「妖」，使其現出「原形」。但不管劇情多麼高潮迭起、起伏震盪，「戲」終究會落幕。新的劇情，仍在上演中。自古以來，任何時代，任何社會，血淚交織的大小冤屈故事，太多太多了！數不盡，說不完；相較之下，我們家在此事件中的遭遇，真的微不足道。

音寧常說：又不會怎樣。意思是說，我們還是好好過日，勸我放寬心胸，別太在意。更何況有那麼多朋友，仗義執言；我還常遇到我不相識的陌生人，認出我是「吳音寧的爸爸」，主動來向我表達支持吳音寧的心意，要我轉告，她是堅強的臺灣女兒。

這許許多多溫暖情誼，多麼感心，我們獲得的鼓勵，絕對遠遠超過受到的霸凌。尤其吳音寧，雖然烙印般黏在她身上的標籤，一時片刻，難以完全洗刷，況且有時候，標籤化黏著太深，縱使費力撕下、刮除，黏著處痕跡仍在，像傷疤一般。但吳音寧何其幸運，因為有臺灣社會善良力量的支持，沒有因此被擊垮。我常想，若是相似的媒體、相似的政客、相似的難題，相似或同樣的攻擊，發生在其他人身上呢？將扼殺多少願意為臺灣公共事務付出努力、認真做實事的人。

因此，我花費超過半年「夕陽無限好」的薄暮時光，耐性查閱臺北市議會市政質詢速記錄，重新蒐集、彙整各家報紙、雜誌、電子傳媒……相關報導、評論，約莫有二十幾冊吧。透過回溯、追索、整理出這場風暴的來龍去脈，向各位提出報告。

一則向各位的關心致謝，二則留下比較詳盡的歷史紀錄，供願意了解的人可以來閱讀、來理解，也接受「公評」。此外，更大的意義，是希望探討這場風暴中，我深切體會，至為憂慮的社會現象，和大家共同省思。

謹以這本小書，獻給過程中，所有關心協助的人，謝謝你們。

•

《北農風雲》出版上市，陸續接收到很溫暖的「閱讀心得」，最令我欣喜的是，聽到多位自稱平日不太看書的讀者，看完本書表示：「很好看啊！」很有吸引力，會想繼續看下去。

另外有不少朋友說，看了這本書，才真正清楚認識那些政客和特定媒體，如何「製造」、如何操作每一個「新聞」；才更了解一波又一波攻擊吳音寧的政治風暴，有多險惡。

非常感謝多家媒體報導出版訊息、多家廣播電臺專訪、介紹，許多文友臉書推薦，尤其是多位熱心人士，二十本、三十本團購，大力推廣，出版未及一個月，已無庫存，需立即再版。

特別感謝文學知友、成功大學中文系陳益源教授，仔細閱讀，找出多處錯別字，已一一訂正。

Canon 31

INK PUBLISHING

北農風雲
滿城盡是政治秀

作　　者　吳　晟
總 編 輯　初安民
責任編編　宋敏菁
美術編輯　林麗華
圖片提供　張良一
內文題字　黃民豐
校　　對　吳　晟　宋敏菁　林家鵬

發 行 人　張書銘
出　　版　INK印刻文學生活雜誌出版股份有限公司
新北市中和區建一路249號8樓
電話：02-22281626
傳真：02-22281598
e-mail：ink.book@msa.hinet.net
網　　址　舒讀網www.inksudu.com.tw

法律顧問　巨鼎博達法律事務所
施竣中律師
總 代 理　成陽出版股份有限公司
電話：03-2717085（代表號）
傳真：03-3556521
郵政劃撥　19785090 印刻文學生活雜誌出版股份有限公司
印　　刷　海王印刷事業股份有限公司

港澳總經銷　泛華發行代理有限公司
地　　址　香港新界將軍澳工業邨駿昌街7號2樓
電　　話　(852) 2798 2220
傳　　真　(852) 2796 5471
網　　址　www.gccd.com.hk

出版日期　2020 年 3 月　初版
2022 年 8 月25日　初版五刷
ISBN　978-986-387-332-7

定價　300 元

國家圖書館出版品預行編目資料

北農風雲——滿城盡是政治秀
/ 吳晟 著；
--初版，--新北市：INK印刻文學，
2020.03 面；14.8 × 21公分（Canon；31）
ISBN 978-986-387-332-7（平裝）
1.臺灣政治 2.時事評論
573.07　109001348

舒讀網